W0184531

Le Temps retrouvé de l'économie

Jean-Luc Gaffard
Mario Amendola
Francesco Saraceno

Le Temps retrouvé de l'économie

Odile Jacob

© Odile Jacob, mars 2020
15, rue Soufflot, 75005 Paris

www.odilejacob.fr

ISBN : 978-2-7381-5104-9

Le Code de la propriété intellectuelle n'autorisant, aux termes de l'article L. 122-5, 2° et 3°a, d'une part, que les « copies ou reproductions strictement réservées à l'usage privé du copiste et non destinées à une utilisation collective » et, d'autre part, que les analyses et les courtes citations dans un but d'exemple et d'illustration, « toute représentation ou reproduction intégrale ou partielle faite sans le consentement de l'auteur ou de ses ayants droit ou ayants cause est illicite » (art. L. 122-4). Cette représentation ou reproduction, par quelque procédé que ce soit, constituerait donc une contrefaçon sanctionnée par les articles L. 335-2 et suivants du Code de la propriété intellectuelle.

« *Todo pasa y todo queda,*
pero lo nuestro es pasar,
pasar haciendo caminos,
caminos sobre la mar. »

« Tout passe et tout demeure,
mais notre affaire est de passer,
de passer en traçant les chemins,
des chemins sur la mer. »

Antonio MACHADO,
Campos de Castilla,
Proverbios y cantares XLIV.

INTRODUCTION

Le temps, défi théorique et politique

La situation actuelle des économies de marché, sans être extrême, est devenue insaisissable. L'instabilité refait surface. Les mécanismes d'équilibration, jusque-là bien établis, sont défaillants. L'inflation ne répond pas à l'afflux de liquidité. Les tensions sur le marché du travail n'induisent pas de hausses des salaires. Les rendements du capital productif sont découplés du prix des actifs financiers. L'investissement productif ne répond pas à la baisse des taux d'intérêt. La flexibilité renforcée des marchés ne se traduit pas par un regain d'innovation et une hausse de la productivité. Ce sont là autant de phénomènes qui reflètent les impasses d'une politique économique et le discrédit d'une théorie économique, largement consensuelle, qui avait écarté de sa grammaire toute forme d'instabilité. Le temps, dans sa complexité et la multiplicité de ses déclinaisons, est l'impensé de démarches analytiques qui continuent de reposer sur un principe de convergence vers un équilibre de longue période.

Plutôt que de fuir la théorie économique pour se réfugier dans des explications psychologiques ou sociologiques des désordres existants, notre propos est d'en reprendre le fil en rappelant quelques faits évidents trop souvent occultés : la production prend du temps, l'investissement productif repose sur une prévision à long terme entachée d'incertitude, la monnaie et la finance sont un pont nécessaire vers le futur, comme le sont les ressources humaines bénéficiant d'apprentissage. L'objectif n'est autre que de redonner au temps sa place éminente dans l'analyse de phénomènes économiques faits d'incertitude radicale et d'irréversibilité.

Renouer avec cet impensé de la théorie économique qu'est le temps suppose de reconnaître l'*instabilité intrinsèque* des économies de marché évoluant sous l'impulsion de ruptures récurrentes dans l'ordre de la production et des marchés, mais aussi de reconnaître, à ces mêmes économies de marché, une capacité de *résilience* qui repose sur la maîtrise d'horloges multiples. Il n'existe ni tendance inhérente à converger vers un état d'équilibre présumé optimal, ni tendance inhérente à des errements chaotiques préfigurant une chute annoncée. La recherche des conditions de *viabilité* d'une économie inévitablement *hors de l'équilibre* est le véritable nœud du débat.

Le regard sur le comportement des acteurs s'en trouve radicalement modifié. L'entrepreneur est rétabli en tant qu'initiateur de ruptures, ayant à arbitrer entre des positions de court ou de long terme. Les détenteurs de capitaux, possiblement initiateurs de crises financières, n'en sont pas moins les agents nécessaires à la viabilité des processus productifs. Les pouvoirs publics, dont la neutralité est aussi illusoire que celle de la monnaie, sont appelés à renouer avec leur fonction de régulation. Les prescriptions habituelles sont démenties.

Inflation, déficits et dettes peuvent avoir leur utilité. Des rigidités peuvent s'avérer nécessaires pour prévenir de dangereux mécanismes cumulatifs. L'action publique doit être conçue en résonance avec des actions privées inévitablement porteuses de déséquilibres dont il faut éviter qu'ils ne deviennent cumulatifs. Acteurs privés et publics détiennent conjointement les clés d'une stabilité relative ou, si l'on préfère, de la *viabilité* de l'économie. Tout dépend du comportement qu'ils adoptent, lequel est dicté par le contexte institutionnel et organisationnel fixant leur attitude à l'égard du *temps*. Il est, alors, question non du *temps uniforme* d'une horloge mécanique que l'on peut avancer ou retarder, mais des *temps propres* aux différents phénomènes et acteurs qui interagissent les uns avec les autres, hors de tout équilibre prédéterminé.

Le débat qui s'ouvre ainsi a une portée philosophique. La théorie discréditée repose sur une vision téléologique de l'histoire. Des lois constantes guident vers un idéal de marché indépendant du temps et du lieu. L'individu prime sur la société. La théorie revisitée, au contraire, ne fixe pas de fin de l'histoire. Les lois identifiées sont contingentes à l'environnement institutionnel, historique, géographique ou culturel.

Un aveuglement partagé

Ne pas avoir prévu la crise en temps et en heure ne peut pas être reproché à la théorie économique « moderne », pas plus que ne peut être reproché à un géophysicien de ne pas avoir prévu le moment et le lieu précis d'une éruption volcanique ou d'un tremblement de terre. En revanche, cette même théorie économique présente la défaillance, sinon l'incongruité, de nier jusqu'à la possibilité de l'instabilité des économies de marché. Les multiples signaux venus du terrain sont restés sans réponse, qu'il s'agisse de l'inflation des prix des actifs financiers et immobiliers, du creusement des inégalités de revenus et de richesses, de la montée du chômage ou de la précarité des emplois, de la persistance d'excédents ou de déficits commerciaux. Il a fallu l'éclatement des bulles spéculatives pour que les personnalités en vue du monde politique comme du monde académique prennent conscience de l'ampleur des dégâts. Malgré tout, la force des idées installées, autant que celle des intérêts constitués, a été telle que les réponses effectivement formulées n'ont pas été à la hauteur des défis. Certes, des mesures qualifiées de non conventionnelles au regard de la doctrine ont été prises, singulièrement en matière monétaire, consistant à desserrer les contraintes de liquidité. Elles n'ont pas eu d'effet tangible, ni durable, sur l'activité au point qu'il a été question de Grande Récession, témoin des incompréhensions théoriques et politiques. Conjointement avec un relâchement temporaire de la contrainte budgétaire, elles ont permis d'éviter le basculement dans une véritable dépression. La mémoire de la Grande Dépression des années 1930 n'a pas été complètement perdue, ni celle des moyens appris pour y parer. Il n'en demeure pas moins que les banques centrales en dépit de ces mesures sont toujours à la recherche vaine de l'inflation tant combattue par le passé. Les salaires n'augmentent pas là où le plein-emploi a été rétabli, il est vrai au prix de la précarité des emplois. Les investissements productifs sont à la traîne. Les taux d'intérêt longs et courts sont devenus très faibles face à l'excédent global d'épargne.

En bref, toute véritable maîtrise de la conjoncture s'est envolée, comme cela s'était produit à un autre moment et dans un autre contexte, dans les années 1970. L'inquiétude gagne les chefs d'entreprise qui, sans rien changer concrètement à leurs stratégies, tout en continuant à dénier à la puissance publique sa capacité de régulation, évoquent leur responsabilité sociale pour faire pièce aux critiques de plus en plus radicales dont ils sont l'objet. Elle gagne aussi les économistes dont les conseils, basés sur une approche qu'ils veulent scientifique, ne répondent pas aux attentes.

Il y a bien des raisons qui expliquent pourquoi la théorie économique, dans sa configuration actuellement dominante, essentiellement néolibérale, s'est avérée défaillante. Elle est aveugle quant à l'instabilité de l'économie de marché en imaginant qu'il suffirait de s'assurer de la stabilité du niveau général des prix et d'une concurrence dite libre et non faussée sur les marchés pour la conjurer. Elle propose une vision tronquée, sinon fallacieuse, des fondements microéconomiques de l'analyse macroéconomique en faisant du consommateur la figure de proue et en réduisant l'entreprise à ses actionnaires censés être mieux à même de répondre aux signaux envoyés par ce consommateur. Elle se fourvoie dans sa perception de la réalité des marchés, non seulement en imaginant qu'il est possible de les rendre proches de la perfection, mais plus encore en condamnant systématiquement des imperfections quand certaines peuvent s'avérer opportunes et utiles si l'on veut que les entreprises innovent. Elle ignore la perversité de certains comportements spéculatifs des détenteurs de capitaux pour s'en tenir à une hypothèse d'efficience des marchés financiers synonyme de neutralité de la finance au regard de technologies et de préférences réputées exogènes. Elle imagine, naïvement, que des règles intangibles en matière monétaire et budgétaire peuvent rendre neutre l'action publique présentée comme la cause de tous les maux.

Ces errements de la pensée font que les désordres observés sont jugés passagers et sont attribués à des comportements déviants ou à un défaut de perception de ce que sont les « bonnes » institutions dont l'attribut essentiel est la *flexibilité*. Il existerait un état idéal, une sorte de fin de l'histoire, en l'occurrence une économie parfaitement concurrentielle (la mondialisation rêvée, dénuée de tout pouvoir), qu'il serait possible d'atteindre en obéissant à des *règles* de gouvernance des entreprises et de politique économique auxquelles il suffirait de se conformer *au plus vite*.

Le principal débat qui agite le monde académique confronté aux désordres porte sur le *rythme*, plus ou moins rapide, de la réduction de la dette publique et de la mise en œuvre des mêmes réformes structurelles à réaliser ainsi que sur l'opportunité d'accroître les dépenses publiques. Ce débat existe depuis des lustres entre néoclassiques ou monétaristes, d'un côté, keynésiens, anciens ou nouveaux, de l'autre. Il relève d'un entre-soi en dépit des divergences affichées de politique économique. Les uns et les autres se réfèrent à l'existence du même équilibre de long terme, expression des seules forces de l'offre, réputées indépendantes de celles de la demande et immunisées de toute tentative monétaire ou financière visant à les infléchir durablement. Les uns et les autres gardent en ligne de mire une cible qui n'est autre que la société de marché idéale dont tout pouvoir serait exclu et qui reposerait, *in fine*, sur la réactivité instantanée des prix et sur la mobilité immédiate des ressources productives, les ressources en capital mais aussi les ressources humaines. Ni les uns ni les autres ne s'intéressent véritablement aux questions que la crise a remises sur le devant de la scène. D'où vient l'instabilité intrinsèque des économies de marché ? Comment peut-on la contenir à défaut de l'éliminer ? Quelles institutions permettent-elles d'échapper aux contraintes de l'immédiateté pénalisant l'investissement productif ?

Il peut sembler curieux de placer sur un même plan deux théories économiques aux présupposés philosophiques si manifestement opposés. Il est surtout déroutant que l'on ne fasse plus guère cas du succès des Trente Glorieuses, ces décennies qui ont suivi la Seconde Guerre mondiale, cet âge d'or du keynésianisme, comme s'il s'agissait d'une simple parenthèse ou d'une histoire singulière dont aucune leçon ne pourrait être tirée. Il y a pourtant une explication à cela. Les politiques dites keynésiennes recommandées à cette époque étaient essentiellement pragmatiques. L'objectif était d'ordre global consistant à arbitrer entre l'inflation et le chômage afin de pratiquer un réglage fin de l'activité au moyen de la dépense publique. Rien n'était dit des comportements des entreprises et de l'organisation industrielle alors même que des changements importants s'étaient produits dans ces domaines contribuant à la stabilité de l'ensemble de l'économie. Aussi, quand la crise est survenue dans les années 1970 et que toute maîtrise de la conjoncture a été perdue sous l'effet de ruptures structurelles, le vide théorique a été comblé par la vieille théorie néoclassique présentée sous de nouveaux atours, qui avait pour elle sa cohérence interne, à rebours de l'idée d'un « no bridge » qui s'était alors installé entre la macroéconomie et la microéconomie.

Avant même que cet épisode ne prenne place, la question de la stabilité était sortie du champ des préoccupations des économistes comme des politiques comme s'il s'agissait d'un acquis définitif. Dans les années 1960, comme plus tard dans les années 1990, cette croyance s'était installée, dispensant de s'interroger sur la complexité des conditions qui avaient permis de l'obtenir. La distinction entre risque et incertitude que Keynes avait mise en avant n'était plus sérieusement considérée. Le temps était aboli pour autant que les agents économiques étaient présumés s'adapter instantanément à des chocs exogènes. Les fluctuations autour de la tendance longue – l'équilibre de longue période – étaient attribuées, et continueront de l'être, à la viscosité des prix et des salaires, autrement dit à de simples retards préjudiciables des ajustements nécessaires.

La nouvelle économie ne s'est pas départie de cet impensé qu'est le temps, niant, à son tour, toute instabilité en ayant, cette fois, la prétention de l'avoir définitivement éradiquée grâce à des prescriptions restaurant les marchés dans leur pleine intégrité.

Le temps retrouvé

Comprendre ce qui est en jeu requiert un préalable : se soucier de la réalité des économies industrielles de marché telles qu'elles se sont développées depuis le milieu du XVIIIe siècle en Europe et aux États-Unis avant d'envahir à la fin du XXe siècle le monde entier. Ces économies, pour reprendre la formule de Schumpeter, sont le siège d'un phénomène récurrent de destruction créatrice, générateur de ruptures répétées des fragiles équilibres existants dont l'entrepreneur est le bras armé. Le chômage, l'inflation, les déficits et les dettes, la stagnation ou la croissance, les créations et faillites d'entreprises, les créations et destructions d'emplois sont autant de déséquilibres naturellement associés à de telles ruptures, témoignant de l'instabilité intrinsèque des économies de marché, sans pour autant qu'une issue fatale en soit nécessairement le résultat. Ces phénomènes « normaux » s'inscrivent, chacun, dans une *durée* qui leur est propre et sont articulés les uns avec les autres. Il revient à la théorie économique de clarifier, autant qu'il est possible, cet enchevêtrement.

Formuler un diagnostic crédible sur l'origine des désordres observés, proposer des solutions qui ont trait au fonctionnement des marchés, à la gouvernance des entreprises, à l'organisation du système financier, aux politiques publiques revient à restaurer l'économie dans sa dimension fondamentale, celle du *temps* : une dimension trop souvent occultée. Non pas que le temps soit absent des représentations conçues par les modélisateurs, mais parce que le temps retenu est réduit à l'intervalle mesuré au moyen d'une horloge mécanique, alors que le temps réel, différent d'un phénomène à l'autre, d'un acteur à l'autre, est une succession de moments qui s'écoule dans un seul sens du passé vers le futur, un futur indéterminé, fruit de bifurcations inattendues. Aussi devrait-il en être de l'économie comme de la physique, laquelle « ne décrit pas comment les choses évoluent "dans le temps", mais comment elles évoluent dans leurs temps et comment ces temps évoluent *les uns par rapport aux autres* » (Rovelli, 2018, p. 28). La production, l'investissement, l'emploi, la finance, l'échange ont chacun des durées spécifiques, de nature à la fois technologique, organisationnelle et institutionnelle, dont l'interaction est à l'origine de la multiplicité des trajectoires que l'économie est susceptible de suivre.

Les économistes ne se sont que rarement prêtés à une réflexion sur cette question du temps (voir en appendice). Ils ont, le plus souvent, cédé à la tentation de ramener le mouvement à la convergence vers un équilibre de long terme et adopté une vision mécanique du fonctionnement de l'économie au lieu d'avoir l'humilité de reconnaître leur incapacité à proposer un idéal de société, fruit d'une perspicacité scientifique douteuse, qui échapperait définitivement aux habituels désordres. Cela n'aurait guère eu d'importance si la théorie ainsi conçue n'avait pas eu d'effets sur la pratique des affaires comme sur la conduite des politiques économiques, au point de créer les désordres économiques et sociaux redoutés. L'ignorance du temps est une réalité que la réalité du temps ne peut, en retour, que rendre dangereuse.

C'est de cette dangerosité que nous entendons traiter en partant d'un constat : le caractère éphémère des succès obtenus par des théories économiques successivement dominantes, finalement incapables de rendre compte définitivement d'une réalité en constante mutation. Il en est de la théorie keynésienne dominante dans les années 1960 comme de la théorie de la nouvelle école classique dominante dans les années 1990. Elles sont fondées sur l'idée que l'intervention du gouvernement pour l'une, l'autorégulation par le marché pour l'autre garantissent d'atteindre un état stable sinon immuable de l'économie correspondant à un attracteur de long terme. Elles se sont heurtées, dans leurs prédictions, à des faits inattendus, l'irruption simultanée de l'inflation et du chômage pour l'une, le retour de l'instabilité financière pour l'autre.

L'ébranlement récurrent des théories économiques installées, souvent oublieuses des circonstances qui les ont vues naître, tient à leur incapacité à appréhender des événements qui ne faisaient pas partie de leur grammaire, qu'il s'agisse de la Grande Dépression des années 1930, de la Grande Inflation des années 1970 ou de la Grande Récession après 2008.

Les théories en question ont en commun de négliger l'*ordre du temps*. Elles se réfèrent à l'existence d'un équilibre de court terme ou de long terme, dissocient les événements du court terme des événements du long terme, soit pour ignorer les seconds, soit pour rendre les premiers tributaires des seconds, soit pour concentrer l'attention sur l'immédiat en imaginant la possibilité d'infléchir, soit pour acter que l'économie a un futur déjà tracé par des conditions relatives aux technologies et aux préférences qui lui seraient extérieures et la contraignent.

Or l'avenir n'est écrit nulle part. Il ne peut en aucun cas être tracé *a priori*. Ce qui arrive en longue période n'est autre que le résultat de l'articulation d'événements successifs dits de court terme, de la façon dont s'enchaînent les déséquilibres multiples observés étape après étape. De l'horizon temporel des décideurs privés ou publics dépendent le degré d'instabilité de l'économie et son devenir.

Les maîtres du temps

La maîtrise du temps est dévolue à trois acteurs : l'entrepreneur initiateur des ruptures, le financier qui impose son rythme au processus économique, le gouvernement en charge de la régulation. Ils ont en commun d'être des médiateurs et de disposer d'un pouvoir de coordination dont ils peuvent user pour le meilleur, assurer la viabilité du sentier suivi, ou pour le pire, capter des rentes à court terme et aggraver l'instabilité.

L'entrepreneur est, *de facto*, le grand absent de la théorie macroéconomique d'essence néoclassique, qui fait du consommateur, à la fois salarié et propriétaire du capital, le grand ordonnateur de la marche de l'économie. C'est là une façon particulière de combler le fossé existant entre la microéconomie et la macroéconomie, consistant à faire reposer la détermination du revenu et de l'emploi sur le seul comportement d'optimisation intertemporelle de consommateurs censés avoir pleinement connaissance des conditions de production présentes et à venir auxquelles les producteurs se plient.

Or, si l'on entend comprendre pourquoi l'économie est instable et quels sont les moyens d'en assurer la résilience, il convient de rétablir l'entrepreneur dans le rôle prééminent que lui reconnaissent des auteurs aussi différents que Schumpeter ou Keynes. C'est à lui, en effet, de prendre les décisions d'investir qui structurent le développement aux niveaux microéconomique comme macroéconomique. C'est de lui que viennent les ruptures avec les équilibres existants qui le conduisent à détourner les ressources productives vers de nouveaux usages pour mieux les utiliser. C'est ainsi lui qui crée des désordres qui relèvent de l'ordre « normal » des choses et qu'il faut donc se garder d'imputer à la seule impéritie des pouvoirs publics.

L'entrepreneur est celui qui s'aventure sans vraiment connaître de quoi le futur sera fait et qui craint de devoir affronter les déséquilibres qui ne manqueront pas de survenir. Il est pris en étau entre la nécessité de s'engager pour apprendre sur les technologies et les marchés futurs, et la crainte de supporter le coût d'un échec toujours possible. Il doit décider d'investissements, par nature irréversibles, alors que la configuration future des marchés lui est inconnue. Il risque de commettre des erreurs d'appréciation fossilisées dans des stocks réels et financiers détenus contre toute attente, qui contraignent les décisions à venir.

Cet entrepreneur est devant un dilemme. Soit il se juge ou se trouve dans l'impossibilité de faire des *anticipations fiables* et il privilégie l'obtention de gains immédiats, renonçant à des investissements à long terme et installant la précarité des emplois. Soit il s'engage à long terme s'il est en mesure de minimiser le degré de surprise *ex post* attaché à ses anticipations, autrement dit s'il dispose d'une certaine garantie quant à la *viabilité* du sentier suivi. Les institutions requises introduisent des rigidités destinées à assurer une forme de coordination intertemporelle offrant à l'entreprise la capacité de maîtriser les déséquilibres qui ne manquent pas de survenir *en cours de route* et de *créer* l'information ou la connaissance utiles à la réalisation de ses projets.

Dans ce contexte, économie réelle et économie monétaire ne peuvent pas être dissociées. Monnaie et finance ne sont neutres ni à court terme ni à long terme. Elles impriment leur propre rythme au niveau micro- comme macroéconomique. Leur rôle est essentiel à la coordination *intertemporelle* des forces de l'offre et de la demande qui ne sont pas spontanément ni immédiatement harmonisées. Elles peuvent, certes, être au cœur de la spéculation à court terme, mais, correctement maîtrisées, ce sont des institutions décisives pour que les entrepreneurs puissent effectuer des *anticipations fiables* en ayant l'assurance de disposer des liquidités nécessaires dans les montants et aux moments requis, et se *projeter à long terme*. De l'organisation du système monétaire et financier dépend la nature des entreprises, en faisant d'elles soit des coalitions durables entre les parties prenantes que sont les salariés, les fournisseurs et les clients, soit de simples collections d'actifs négociables sur les marchés.

Dans les économies de marché, où les initiatives entrepreneuriales créent nécessairement et utilement des déséquilibres qui touchent à l'investissement, au revenu, à l'emploi, aux prix, l'action publique, quelle qu'elle soit, y compris quand elle est réduite à édicter des règles fixes, ne peut pas être neutre. Certes, les pouvoirs publics ne sauraient se substituer aux entreprises et imposer, de leur simple fait, un ordre stable. Il leur revient, en revanche, de prendre la *mesure des temps propres* aux différents phénomènes et aux différents acteurs pour en assurer la cohérence.

Au niveau global, l'action publique se doit d'articuler le *profil temporel* des dépenses, des recettes et de l'endettement publics avec celui des dépenses, des recettes et de l'endettement privés afin de lisser les fluctuations inhérentes au processus économique. Au niveau structurel, elle a pour but de créer l'environnement institutionnel permettant aux entreprises d'investir à long terme en ayant la capacité de surmonter les difficultés temporaires inhérentes à tout processus de destruction créatrice. Il s'agit, alors, de valider les imperfections de marché requises pour innover et de réduire celles qui tournent à la capture de rentes indues, de promouvoir les institutions propres à assurer la durabilité de l'engagement des détenteurs de capitaux comme des salariés.

Loin d'être assignées à imposer les règles d'un marché concurrentiel mythifié, ces politiques relèvent d'une coordination intertemporelle à caractère *séquentiel* qui doit garantir la *viabilité* d'une économie de marché en perpétuel changement.

Quelle philosophie sociale ?

Théories et politiques économiques s'inscrivent dans un cadre institutionnel. Ce cadre s'est transformé au fil des crises majeures qu'ont connues les économies de marché.

Un libéralisme social ou interventionniste a prévalu quand leçon a été tirée des errements ayant conduit à la Grande Dépression. Un néolibéralisme s'y est substitué suite à l'échec des politiques keynésiennes face à la Grande Inflation des années 1970. Le pouvoir de régulation des États a, alors, été mis en cause en même temps qu'était promue une nouvelle vision de l'entreprise désormais placée sous la coupe des actionnaires. Alors que cette économie néolibérale semblait l'avoir emporté partout, que toute alternative semblait exclue, et qu'il était même question de fin de l'histoire, la Grande Récession qui fait suite à la crise financière de 2008 a révélé l'impuissance des remèdes proposés et rouvert le débat sur la nature des institutions.

Reste à savoir celles des institutions qui sont les mieux qualifiées pour assurer la maîtrise du temps long ou, ce qui revient au même, la *continuité* et la *viabilité* de l'économie de marché soumise intrinsèquement à des changements structurels récurrents. De fait, nous vivons un moment charnière au cours duquel la question se pose d'une alternative crédible non pas tant au néolibéralisme failli qu'à un capitalisme autoritaire qui semble se profiler en réaction aux désordres observés. Ce pourrait être le libéralisme social ou le socialisme libéral à la condition de ne pas réduire l'objectif de celui-ci à la réparation des abus et coûts du capitalisme néolibéral quand il s'agit de reconstruire un cadre institutionnel, concernant les entreprises, la finance, le travail et l'action publique, qui prévienne l'occurrence de ces abus et de ces coûts.

PREMIÈRE PARTIE

Les déconvenues d'une économie hors du temps

Nouvelle économie ou Grande Modération sont les qualificatifs retenus pour désigner les années 1990 qui marquent l'ascendant pris par ce que l'on appelle communément le néolibéralisme qui repose sur une théorie qui décrit un avenir optimal, tracé *a priori*, pourvu que règne la concurrence sur les marchés et que les politiques monétaires et budgétaires soient neutres. Des indicateurs de performance immédiate sont établis que les banques centrales, les gouvernements et les entreprises se doivent de satisfaire, en l'occurrence respectivement un taux d'inflation quasi nul, l'équilibre des comptes publics et la valeur maximale des actions en Bourse.

Les désordres observés, qui font l'histoire immédiate, dont le point d'orgue est la crise de 2008, ont ébranlé cette théorie sans jamais l'atteindre définitivement. Des mesures monétaires dites non conventionnelles ont été mises en œuvre, des déficits budgétaires ont été tolérés, mais à condition d'être temporaires. Le déficit de croissance continue d'être attribué aux imperfections des marchés de biens et du travail. Le consensus demeure entre nouveaux économistes, classiques ou keynésiens, qui persistent à décrire le fonctionnement de l'économie comme le résultat de l'optimisation intertemporelle du choix des consommateurs et à attribuer ses défaillances à des rigidités de prix et de salaires.

Les nouveaux keynésiens en sont réduits à discuter du moment opportun de revenir à l'équilibre budgétaire et du rythme des mêmes réformes structurelles. Les vieilles recettes sont, certes, utilement sorties du placard où on les avait remisées, mais finissent par relever d'un activisme budgétaire qui ne peut être que temporaire eu égard à la référence maintenue à un équilibre intertemporel. Cette attitude témoigne d'une conscience aiguë des difficultés rencontrées, mais aussi d'une impasse : les politiques préconisées restent limitées au court terme.

La renaissance du vieux débat entre keynésiens et monétaristes ou nouveaux classiques a été l'occasion d'un retour à l'économie de Keynes. Cette dernière est ambivalente et ne permet pas réellement de surmonter l'impasse évoquée. Certes, une partie de l'analyse s'inscrit dans le temps, mais c'est celle qui a été ignorée de la plupart, qu'il s'agisse du rôle prééminent reconnu aux anticipations des entrepreneurs en situation d'incertitude radicale ou de celui de la monnaie et de la finance en tant que liens entre le présent et le futur. En outre, Keynes s'en tient à l'analyse d'un état d'équilibre à court terme de l'économie, sans véritable considération du déroulement des événements en longue période. Sa quête du temps est largement inachevée, laissant ouverte la question du renouvellement théorique nécessaire.

CHAPITRE 1

La « nouvelle économie », un idéal atemporel

La doctrine économique devenue dominante à partir des années 1980, que l'on peut qualifier de nouvelle synthèse entre économistes néoclassiques et keynésiens, consiste à postuler l'existence d'un équilibre de long terme vers lequel converge naturellement l'économie, à réduire l'analyse du chômage à celle du seul fonctionnement des marchés du monde « réel », marchés du travail et marchés de biens, à cantonner l'action de la banque centrale au seul contrôle de l'inflation pour la maintenir à un niveau jugé raisonnable, à juger inutile, inefficace et finalement dangereuse une politique budgétaire active, à confier à des marchés financiers supposés efficients le rôle de discipliner gouvernements et entreprises, mais aussi d'impulser les choix innovateurs. Cette doctrine entend décrire un état idéal des affaires *atemporel* qui sert de guide pour la politique économique.

Le long terme est *a priori* privilégié, mais en supposant qu'il est déterminé par les seules forces dites réelles – les technologies et les préférences – qui façonneraient un attracteur incontournable de l'économie, identifié au taux de croissance potentiel, auquel correspondent un taux d'intérêt naturel et un taux de chômage naturel. Dans cette perspective, ce qui se passe en cours de route n'a aucun effet sur un résultat final préalablement déterminé. La monnaie, dont la neutralité est postulée à long terme et recherchée à court terme en ayant recours à des règles intangibles, se trouve exclue de toute influence durable sur les performances réelles de l'économie.

Les réformes structurelles, si l'on entend par là la flexibilisation des marchés de biens et du travail, ne peuvent qu'affecter positivement le taux de croissance potentiel en raison de l'influence qu'elles sont censées exercer sur les réaffectations de ressources rendues nécessaires par des changements de technologies ou de préférences, et, par suite, sur la capacité d'innovation de l'économie.

Cette doctrine est le fruit d'une véritable révolution dans l'histoire des idées qui prend appui sur l'échec des politiques keynésiennes dans les années 1970 et renverse la théorie sur laquelle ces politiques étaient fondées, qui reconnaissait au gouvernement le pouvoir d'arbitrer au plus près entre inflation et chômage par le moyen d'une politique macroéconomique discrétionnaire, quand le temps était à l'absence de pont entre la macro- et la microéconomie.

Elle rétablit les dichotomies entre secteur réel et secteur monétaire, entre court et long terme, privilégie l'existence d'un attracteur à long terme prédéterminé, tout en cantonnant les décisions au court terme. L'idéal présumé est un *équilibre général dynamique stochastique* des marchés accessible immédiatement pourvu que les marchés soient flexibles et que leur fonctionnement échappe à toute altération du fait de l'exercice de pouvoirs privés ou publics. *Le temps s'en trouve aboli.*

Le retour des dichotomies

Il faut remonter à la fin des années 1960 pour comprendre ce qui nous a valu un changement radical dans l'appréhension du monde. À cette époque, la Grande Dépression appartient au passé. Les idées qu'elle a fait émerger se sont quelque peu affadies. Une vulgate keynésienne, parfois désignée comme la synthèse néoclassique, a pris corps. Elle repose sur deux propositions conduisant *de facto* à un partage des tâches entre le marché et l'État, entre le jeu de la concurrence et la force de l'intervention publique. La première est qu'il existe un sentier de croissance potentielle défini par les seules forces de l'offre dans leurs dimensions démographique et technologique et rendu possible dans un environnement de pleine concurrence. La seconde est qu'il est possible pour les gouvernements de lisser les fluctuations de court terme, qui ne sont rien d'autre que des fluctuations pures de demande, essentiellement par le canal des budgets publics. L'idée s'installe que le court terme n'influence pas le long terme, que les forces de la demande sont dissociées de celles de l'offre et donc, assez curieusement, que l'action du gouvernement est cantonnée à maîtriser les fluctuations conjoncturelles sans avoir d'effet sur le rythme de la croissance.

La régulation conjoncturelle, censée maintenir l'économie au plus près du sentier de croissance potentielle, consistait, alors, pour le gouvernement, fort de la stabilité présumée de la relation inverse entre taux d'inflation et taux de chômage (la courbe de Phillips), à arbitrer entre les deux. Elle a été effective au cours des années 1960 quand la croissance était devenue forte et régulière, quand les entreprises pouvaient tabler sur la stabilité de cette croissance et effectuer des investissements à long terme, quand les variations du taux d'inflation comme du taux de chômage étaient d'ampleur limitée. Sans d'ailleurs que les anticipations d'inflation en soient réellement affectées. C'était aussi une période au cours de laquelle les liquidités étaient abondantes et les taux d'intérêt, stables et faibles, les actionnaires avaient peu de pouvoir sur les managers, et l'engagement auprès des entreprises des détenteurs de capitaux pris dans leur globalité, *via* les marchés ou les banques, était de longue durée. Autant de faits que l'on se garde malheureusement de rapporter explicitement au rôle du temps dans le choix des décisions à prendre et les conditions de leur mise en œuvre.

La croyance en l'omnipotence du gouvernement dans son action de régulation à court terme s'est effritée au contact d'une nouvelle réalité, la hausse simultanée, au cours des années 1970, de l'inflation et du chômage (la « stagflation »), jusqu'à céder devant une autre croyance, celle qui veut que les gouvernements soient définitivement incapables de régulation discrétionnaire, ne pouvant et ne devant pas s'opposer aux forces supposées autorégulatrices des marchés.

Face au keynésianisme jusque-là triomphant, la contre-offensive d'inspiration monétariste prend corps avant même que le phénomène de stagflation ne se manifeste (Friedman, 1968). L'opérateur du changement de paradigme est une reformulation de la relation entre inflation et chômage qui fait des anticipations d'inflation une variable explicative essentielle de l'inflation courante et du taux de chômage naturel l'attracteur de l'économie réelle. Son fondement intellectuel revendiqué n'est autre que la théorie de l'équilibre général des marchés formulée par Walras, non pas pour identifier, à l'instar de ce même Walras, les propriétés d'un idéal de marché, mais pour affirmer que le secteur privé est *spontanément* et *immédiatement* à l'équilibre, signifiant que les perturbations ne peuvent venir que d'une intervention du gouvernement forcément inappropriée mais finalement contrariée par les marchés.

Au lieu de considérer que le taux d'inflation dépend (négativement) du seul taux de chômage, lequel mesure le pouvoir de marché des salariés, une nouvelle variable est introduite, le taux d'inflation anticipé. L'idée alors développée est que les politiques macroéconomiques de relance finissent par altérer les anticipations de prix qui deviennent de plus en plus élevées, installant une dérive inflationniste. Le *temps* semble réintroduit par ce canal, mais ce n'est qu'une *illusion* dès lors qu'est postulée la convergence vers un équilibre naturel. La durée de l'ajustement n'a aucun impact sur le résultat final.

La reformulation théorique, à la fois évidente et banale, s'appuie en effet sur la proposition qu'il existerait un équilibre de longue période défini par les seules conditions d'offre (de technologie et de travail) dont la réalisation est subordonnée à la réalisation de leurs plans par les agents économiques, en l'occurrence à la réalisation de leurs anticipations de prix. À cet équilibre correspond un taux de chômage qualifié de naturel qui est le niveau qui serait établi en situation d'équilibre général des marchés à la Walras, éventuellement augmenté en raison d'imperfections de marché (Friedman, 1968). Ce taux de chômage est jugé fondamentalement volontaire.

Dans cette perspective, toute politique conjoncturelle, monétaire ou budgétaire, visant à réduire durablement le taux de chômage en deçà de son niveau naturel est inefficace. La relance de la demande peut amener les entreprises à augmenter *temporairement* la production et l'emploi en même temps que les prix, en supposant que les travailleurs sont victimes d'illusion monétaire. Mais le taux d'inflation courant devenant supérieur au taux anticipé, les travailleurs incorporent cette information dans leurs plans et revendiquent une hausse des salaires. Les coûts augmentent, la production et l'emploi chutent jusqu'à revenir à l'équilibre de longue période et au niveau naturel du taux de chômage. Le seul résultat à terme est une hausse du taux d'inflation de nouveau égal au taux d'inflation anticipé.

Du coup, déterminants du chômage à long terme et déterminants de l'inflation deviennent effectivement indépendants les uns des autres, comme le postulait la théorie néoclassique. La politique monétaire est inapte à altérer les variables réelles de l'économie à long terme. Quant à la politique budgétaire, elle devrait être neutre, le gouvernement ne pouvant que s'abstenir d'une politique discrétionnaire vouée à l'échec s'il est tenté de faire dévier l'économie de son équilibre naturel.

La théorie des anticipations rationnelles, qui veut que les agents économiques connaissent le modèle que suit l'économie, ne fait que radicaliser la conclusion. Aucun écart à l'équilibre naturel n'est plus possible, y compris à court terme, les travailleurs exigeant immédiatement une hausse des salaires pour faire face à une hausse correctement anticipée des prix au moindre signe de relance. Seul augmente le taux d'inflation égal au taux anticipé sans effet sur les prix relatifs ou les quantités. La monnaie est, alors, *neutre* à court comme à long terme au regard de la situation réelle de l'économie.

Une neutralité qui vaut ignorance du rôle que joue la monnaie dans la maîtrise du temps.

En résumé, une fois postulé, comme le fait la vulgate keynésienne, que le long terme et le court terme sont déterminés l'un par l'offre et l'autre par la demande, il suffit aux monétaristes d'introduire l'hypothèse que les agents adaptent leurs comportements et leurs anticipations aux actions du gouvernement, pour retrouver le résultat prékeynésien de l'inefficacité à long terme de politiques monétaire et budgétaire actives.

S'il faut réduire un taux d'inflation courant, désormais correctement anticipé, au fruit d'errements passés du gouvernement et si, pour d'obscures raisons en regard de la théorie proposée (le coût excessif de détention de liquidités), il est jugé trop élevé alors que l'économie est en position réelle d'équilibre de longue période (le chômage est à son niveau dit naturel), une politique restrictive est requise qui a pour effet d'augmenter le taux de chômage, mais cette hausse est *temporaire*. De même, s'il faut réduire un déficit budgétaire consenti à tort par le gouvernement, la réduction des dépenses publiques aura pour effet d'augmenter le taux de chômage, mais cette hausse est, là encore, *temporaire*. Dans un cas comme dans l'autre, les anticipations de prix sont revues à la baisse, et les niveaux de production et d'emploi pourront augmenter. Revenu et taux de chômage naturel seront finalement rétablis, qui plus est à un taux d'inflation réduit.

La question, dans un cas comme dans l'autre, est alors, simplement, de savoir s'il faut arbitrer pour une restriction brutale impliquant une hausse forte du chômage pendant une période courte ou pour une restriction modérée et une hausse du chômage moins marquée pendant une période plus longue avant de retrouver l'équilibre. Les termes dans lesquels cet arbitrage est posé laissent à penser qu'une thérapie de choc est préférable.

Suivant ce schéma de pensée, les pouvoirs de marché reconnus aux salariés comme ceux reconnus aux entreprises ne sont rien d'autre que des imperfections de nature institutionnelle qui font augmenter le taux de chômage naturel, signifiant, tout simplement, que la hausse du coût salarial du fait du pouvoir des syndicats ou la hausse du taux de marge du fait du pouvoir des entreprises conduisent à augmenter les prix, à abaisser le niveau de production d'équilibre et à réduire le niveau d'emploi correspondant. Il est, alors, opportun de réduire ces imperfections, sinon de les éliminer, pour se conformer au monde de la concurrence pure et parfaite, un état dans lequel il n'existe aucun pouvoir de marché, ni pouvoir reconnu au gouvernement.

Le mirage de l'équilibre intertemporel

À partir de cette rupture dans l'ordre de la théorie et de la politique économiques, une nouvelle macroéconomie va se constituer en trois étapes. Un nouveau corpus est, d'abord, créé qui se veut une résurgence de l'économie classique (il faudrait dire néoclassique) et propose une version macroéconomique *dynamique* du paradigme walrasien de l'équilibre économique général. L'objectif, en continuité avec les thèses monétaristes, est d'attribuer les fluctuations aux perturbations purement monétaires (Lucas, 1972). Le cadre conceptuel est ensuite conservé, mais pour établir une théorie des cycles réels, autrement dit attribuer les fluctuations à des causes réelles (ou naturelles) que sont des chocs stochastiques de productivité (Kydland et Prescott, 1982). Ce même cadre est, enfin, amendé, dans une perspective qualifiée de keynésienne, pour introduire des rigidités de prix (et de salaires) et rendre ainsi compte de fluctuations non optimales (Woodford, 2003). La nouvelle macroéconomie ramène toutes les décisions en un seul point du temps, celui du moment présent. Elle cède au mirage de l'existence d'un équilibre intertemporel dont la conceptualisation n'est autre qu'une manière élégante de parler du temps en faisant abstraction de sa complexité.

La nouvelle économie classique repose sur trois hypothèses : des anticipations rationnelles, des marchés systématiquement équilibrés (soldés) et la domination des forces de l'offre. Les consommateurs connaissent le modèle de fonctionnement de l'économie. Les opportunités de gains sur les marchés sont *immédiatement* saisies. Les travailleurs décident de leur offre de travail sur la base du taux de salaire réel attendu. Si ce taux de salaire réel est supérieur au taux jugé normal, ils décident de travailler plus et de substituer du travail au loisir, anticipant de travailler moins dans le futur quand le taux de salaire réel sera plus faible que le taux normal. Les entreprises fixent leur offre en fonction du prix de leur produit relativement à celui de leurs concurrents.

Dans ce monde qui se veut walrasien, les comportements des agents économiques (entreprises et salariés) devraient seulement répondre aux prix relatifs et être invariants vis-à-vis de chocs nominaux. Ce ne sera pas le cas quand ces mêmes agents sont surpris et interprètent une augmentation de prix résultant d'un choc monétaire comme une augmentation de leur prix relatif les conduisant à offrir plus. Une telle erreur est forcément de *courte durée*. Une fois qu'elle est identifiée, produit et emploi reviennent à leur niveau naturel d'équilibre. Il est, alors, facile de comprendre que, pour éviter toute surprise et toute inflation, il convient d'adopter une règle stricte en matière monétaire qui ne peut relever que des prérogatives d'une banque centrale devenue indépendante. La gestion d'un tel objectif, en théorie politiquement neutre, devient une affaire d'experts mieux à même d'effectuer une tâche technique que des politiciens trop attachés aux souhaits et passions de leurs électeurs. Quant à la stabilité financière, elle sort du champ d'action de cette banque centrale. Elle relève de la finance d'entreprise et du fonctionnement de marchés financiers réputés efficients. Autant dire qu'elle n'est plus une préoccupation, ce qui sera une source de déconvenue.

La théorie des cycles réels, qui s'inscrit dans la nouvelle économie classique, répond à la conviction qu'une explication purement monétaire des cycles est peu crédible dès lors que les règles monétaire et budgétaire prévalent. Suivant cette théorie, les cycles résultent de chocs aléatoires de productivité réputés exogènes. Ces chocs d'offre affectent le produit et l'emploi. Dans le cas d'un choc positif (négatif) de productivité, le taux de salaire réel augmente (diminue), les consommateurs-salariés décident de réduire (d'augmenter) leur temps de loisir et d'augmenter (de diminuer) leur temps de travail, opérant ainsi une *substitution intertemporelle*. Le produit augmente (diminue) avec l'emploi. Dans ce monde, la monnaie est *neutre* à *court terme* comme à *long terme*. Il n'est pas opportun que le gouvernement cherche à réduire les fluctuations et à stabiliser l'économie puisque ces fluctuations sont supposées optimales, correspondant au bien-être maximal.

La nouvelle économie keynésienne, en réponse à la nouvelle économie classique, reconnaît que les imperfections de marché sont un obstacle au bien-être, mais conserve son rôle stabilisateur à la politique monétaire. En reposant derechef sur les hypothèses d'anticipations rationnelles et d'existence d'un taux de chômage naturel, la nouvelle synthèse maintient que le mouvement de l'économie est calé sur des cycles réels d'équilibre impulsés par des chocs de productivité, mais en ajoutant que prix et salaires sont rigides pour des raisons informationnelles.

Ainsi, face à un choc positif de productivité, les prix ne baissent pas autant qu'ils le devraient, soit en raison de changements échelonnés et aléatoires effectués par chacune des entreprises, soit du fait de l'existence de coûts des changements de prix. Cette situation est rationnellement anticipée par les consommateurs qui savent que le produit futur sera inférieur à son niveau naturel et le niveau des prix, supérieur. De ce fait, le taux d'intérêt réel est inférieur au taux d'intérêt naturel qui a augmenté sous l'effet de la hausse de la productivité. L'anticipation d'inflation conduit ces consommateurs à augmenter leur demande courante et par suite à initier une offre courante plus élevée à des prix plus élevés fixés par des entreprises en concurrence monopolistique. Le taux d'inflation courant augmente en réaction à l'augmentation du taux d'inflation anticipé. Cette dépendance est caractéristique d'un *équilibre intertemporel* et prévient toute séquence résultant de choix opérant par essais et erreurs.

Seule, alors, une politique monétaire active peut corriger des distorsions imputables à des comportements rationnels des entreprises et des ménages. Cette politique consiste pour la banque centrale à suivre une règle à la Taylor qui veut que le taux d'intérêt nominal soit ajusté pour résorber l'écart inflationniste et l'écart au produit potentiel. Face à un choc de productivité positif, une politique monétaire consistant à augmenter le taux d'intérêt nominal a un double effet en égalisant le taux réel courant et le taux d'intérêt naturel : elle réduit le taux d'inflation courant et elle augmente la demande future des consommateurs qui doit alors correspondre au produit naturel.

Les prescriptions de politique économique ne sont pas modifiées avec l'approche keynésienne. La banque centrale a pour mission de contrôler l'inflation et plus encore les anticipations, inflationnistes. Qu'elle détecte de telles anticipations, et elle devra augmenter son taux d'intérêt. Le présent est déterminé par un futur *rationnellement anticipé* dans un monde présumé *ordonné*.

Il y a, toutefois, une variante. En présence d'un fort choc d'offre négatif initié, par exemple, par la hausse subite du prix du pétrole, la rigidité des taux de salaires réels peut avoir pour effet qu'une forte hausse du chômage soit nécessaire pour que les travailleurs acceptent une baisse de leur salaire réel, auquel cas il serait préférable, du point de vue des économistes keynésiens, que la banque centrale autorise un certain taux d'inflation assurant, *temporairement*, un niveau de production supérieur à l'optimum présumé, plutôt que d'imposer un taux d'inflation très bas. En se référant au même équilibre naturel de long terme que la nouvelle économie classique, la nouvelle économie keynésienne ne s'en éloigne qu'en ce qui concerne les événements de court terme que la présence d'un attracteur rend, pourtant, de peu d'impact.

Tous ces modèles, qualifiés de *modèles dynamiques stochastiques d'équilibre général*, se veulent explicitement dans la lignée des travaux de Walras (1874) reconfigurés par Arrow et Debreu (1954). Le monde de référence est un monde idéal, un monde *atemporel* et *a-institutionnel* dès lors que les règles imposées sont censées neutraliser la monnaie et le gouvernement, dès lors aussi que l'entreprise n'a pas d'autre identité que d'obéir, plus ou moins bien, aux signaux de prix émis par le marché.

Suivant cette représentation « moderne » de l'économie, les consommateurs dotés d'anticipations rationnelles ont cette capacité de connaître les « bons » prix, sans devoir recourir à quelque commissaire-priseur que ce soit. Certes, à la différence des modèles proposés par Walras ou Arrow et Debreu, des anticipations sont introduites qui affectent les décisions présentes, mais le fait qu'elles soient rationnelles vide de sens les notions mêmes d'incertitude et d'irréversibilité. Dans l'état des affaires décrit, toutes les actions sont décidées à un *seul instant du temps* bien que contenant des éléments contingents. Il n'y a rien à apprendre

La monnaie n'est qu'un voile, comme dans le modèle de Walras, ou, de manière plus sophistiquée, la politique monétaire prescrite est censée garantir qu'elle reste un voile dès lors que, suivant la règle de Taylor, la banque centrale fixe son taux d'intérêt en regard de trois paramètres que sont le taux d'intérêt naturel, le taux de chômage naturel (ou le taux de croissance potentiel) et la cible d'inflation établie arbitrairement. La neutralité conservée de la monnaie au regard du taux de croissance potentiel va de pair avec l'efficience supposée des marchés financiers signifiant que les prix des actifs financiers reflètent fidèlement ces fondamentaux que sont les technologies et les préférences. Cette efficience n'empêche pas qu'il y ait, parmi les entreprises comme parmi les investisseurs, des gagnants et des perdants, mais l'hypothèse est faite, le plus souvent implicitement, que les actifs réels sont redistribués au bénéfice des gagnants de telle sorte que les turbulences financières n'ont aucune influence sur le résultat final (l'équilibre de long terme).

Si le système bancaire et financier entre dans l'analyse dans un souci de réalisme face aux événements, ce n'est que pour faire état de frictions qui tiennent à des dysfonctionnements de l'intermédiation financière et perturbent, *temporairement*, une activité qui continue, à long terme, de répondre aux seules forces « réelles ». Le cœur du fonctionnement de l'économie n'est pas modifié.

La maîtrise usurpée de la destruction créatrice

La séparation introduite entre inflation et chômage a pour corollaire de dissocier la lutte contre l'inflation dévolue à la politique monétaire de la lutte contre le chômage dévolue aux réformes structurelles qui doivent assurer la flexibilité des marchés de biens et du travail. Ces réformes ont pour objectif d'établir le taux de chômage à son niveau naturel, mais aussi de stimuler la croissance qui puise son origine dans l'activité d'innovation génératrice d'un processus de destruction et de création d'emplois. Le taux de croissance potentiel et le taux de chômage naturel qui lui est associé sont censés être d'autant plus élevés que les flux *simultanés* de création et de destruction sont plus intenses. La réallocation nécessaire des ressources humaines exige une mobilité, à la fois professionnelle et géographique, imposée par une forte flexibilité entendue ici comme un ajustement, analytiquement *immédiat*, des taux de salaire sur le marché du travail. Le chômage est un chômage dit de recherche, sa *durée* est normalement *courte*, s'il n'existe aucune entrave réglementaire, et n'influence pas la *performance ultime* de l'économie. L'obstacle principal aux restructurations et à la croissance réside, alors, dans les rigidités propres à ce marché, qu'il s'agisse de la difficulté de licencier, qui serait un obstacle à la mise en œuvre des investissements nouveaux porteurs des gains de productivité les plus importants, ou encore du montant et de la durée d'indemnités chômage, qui retarderaient la reprise d'emploi.

Dans cette perspective, le degré de flexibilité du marché du travail oriente les choix technologiques dans un sens plus ou moins favorable à la croissance. Les pays aux marchés de travail rigides sont spécialisés dans des secteurs de basse et moyenne technologie alors que, dans les pays à marchés du travail flexibles, les entreprises choisissent d'investir dans les secteurs de pointe. Par suite, les réformes structurelles sur les marchés de biens, en augmentant le degré de concurrence (en réduisant le degré de monopole des entreprises), favorisent la réallocation de l'activité des secteurs à faible productivité vers ceux à plus forts gains de productivité et font ainsi augmenter la productivité moyenne de l'économie. Les réformes du marché du travail, en éliminant les rigidités qui protègent les salariés, permettent une réallocation et une requalification de la force de travail, de telle sorte que l'emploi réponde plus vite à une hausse de la demande de travail. Ensemble, ces réformes augmentent le taux de croissance de la productivité et le taux de croissance potentiel.

Le processus de destruction créatrice est ici considéré en termes de flux de destruction et de création d'emplois. L'intensité de ces flux seule compte et constitue une donnée technologique et institutionnelle qui caractérise le profil de long terme de l'économie, en particulier son taux de croissance potentiel et son taux de chômage d'équilibre (lesquels augmentent corrélativement). Le seul véritable enjeu est de réduire les limitations qui pèsent sur les flux de destruction et de création. L'unique interrogation porte sur les incitations qui doivent prévaloir, et l'unique solution réside dans l'adoption de règles institutionnelles appropriées qui assurent l'optimalité de l'équilibre intertemporel. Les effets en séquence du processus de destruction créatrice en termes d'accumulation involontaire de stocks réels ou financiers sont purement et simplement ignorés.

Le bon déroulement du processus de destruction créatrice ainsi conçu est garanti grâce à la prééminence des marchés d'actions dans le financement de l'économie et au rôle dévolu aux actionnaires. Ces derniers sont ceux dont la rémunération (les dividendes) est ce qui reste une fois acquittés les salaires et les autres coûts fixés contractuellement sur les marchés du travail et les marchés de biens et services. Étant considérés comme les seuls créanciers résiduels, ils ont intérêt à maximiser le surplus (ce qui reste une fois acquittés les paiements contractuels aux salariés et aux fournisseurs) et à orienter la stratégie d'investissement des entreprises dans ce sens.

Dès lors, forcer les entreprises, confrontées à la nécessité de se restructurer, à adhérer rigoureusement au principe de maximisation de la valeur des actions réduit l'influence des salariés voulant sauvegarder des emplois devenus obsolètes, laquelle entraîne des délais coûteux d'adaptation, des investissements inappropriés et des efforts finalement vains pour épargner ces emplois.

Forte de cette analyse, la macroéconomie moderne a un fondement microéconomique implicite impliquant de retenir comme acquis qu'une gouvernance efficace des entreprises doit être basée sur la valeur des actions, laquelle est censée refléter les fondamentaux que sont les technologies et les préférences et se rapporter aux performances courantes ou *immédiates*. Si les marchés de travail et de biens doivent être flexibles (parfaitement concurrentiels), les marchés financiers, libérés de toute entrave et réputés efficients, ont cette fonction d'imposer une *discipline* aux entreprises en créant les conditions leur permettant d'échapper aux contraintes dues à des rigidités sur les marchés du travail. Ce sera d'autant plus facile que ces entreprises sont internationalisées et peuvent, de ce fait, jouer des différences de systèmes sociaux et imposer le moins-disant d'entre eux en matière de protection sociale.

Paradoxalement, cette finance toute-puissante est présumée *neutre* conformément au théorème de Modigliani et Miller qui décrit une économie pleinement concurrentielle dans laquelle les agents sont dénués de tout pouvoir. L'investissement est *indépendant* de la structure du capital des entreprises, en fait de leur position financière incluant liquidité et cash-flow courant. Il ne dépend que des revenus futurs *correctement anticipés* reflétant technologies et préférences, autrement dit une économie réelle clairement dissociée de toute dimension monétaire ou financière.

Ainsi conçue, la macroéconomie moderne ignore l'entreprise. Cette dernière est, implicitement, assimilée à une collection d'actifs négociables ou dont il faut garantir la négociabilité. Ces actifs, tangibles ou intangibles y compris ce que l'on va dénommer le capital humain, sont présumés redéployables sans coût et sans *attente* véritable.

Le paradoxe du long terme

L'analyse de l'économie de marché devenue dominante ne consiste plus à identifier les mécanismes d'*interaction sociale* au cœur de l'échange de biens et de la création de richesses, mais à approfondir la compréhension des mécanismes de *choix individuels* en fonction de l'information détenue. Il n'est pas étonnant, dans ces conditions, de voir disparaître la spécificité de l'analyse des économies globales – la macroéconomie – désormais trop souvent réduite à ne considérer que les incitations des individus dont le comportement n'est dicté que par un futur *rationnellement anticipé* ainsi synonyme de *neutralité* des événements du court terme vis-à-vis de ceux du long terme. Il n'est pas étonnant de voir disparaître toute analyse des crises majeures réduites, quand elles se produisent, à des accidents aux effets temporaires.

En dépit de la complexité reconnue de l'environnement économique, les prescriptions de politique économique sont extraordinairement simples. Il suffirait à chaque gouvernement de lutter de façon délibérée et permanente contre toute tension inflationniste (en fait, de contrarier systématiquement les anticipations inflationnistes) pour que l'économie suive le meilleur sentier possible, pourvu, naturellement, que la concurrence sur les marchés ne soit soumise à aucune entrave. L'idée même que l'économie puisse être instable disparaît sauf à considérer une action inappropriée du gouvernement au demeurant *rapidement* contrariée par les marchés financiers.

Si l'on fait l'hypothèse d'anticipations rationnelles, les réformes structurelles sont efficaces à court terme comme à long terme. Elles devraient, en effet, conduire les ménages, forts des résultats attendus à long terme, à anticiper un revenu *permanent* plus élevé, les entraînant à réduire leur épargne de précaution et à augmenter leur consommation courante. Les politiques d'offre viendraient ainsi stimuler la demande courante, le court terme serait, en quelque sorte, absorbé par le long terme, donnant ainsi une nouvelle jeunesse à la loi de Say qui veut que l'offre crée toujours sa propre demande. Il n'y aurait pas à craindre d'effets récessifs des réformes.

Les réformes structurelles peuvent, certes, être *temporairement* coûteuses en termes de salaires et d'emploi et être, de ce fait, à l'origine d'un ralentissement également temporaire de la demande globale. La logique du modèle voudrait que l'on accepte une contraction brutale, mais de courte durée, de l'activité plutôt qu'une contraction prolongée. Un ajustement structurel *immédiat* et *brutal*, en stimulant le revenu permanent et en rétablissant la confiance, pourrait provoquer des anticipations inflationnistes et une baisse du taux d'intérêt réel, entraînant *rapidement* une hausse de la consommation comme de l'investissement. Au contraire, une durée trop longue d'un ajustement graduel créerait des anticipations déflationnistes et provoquerait une hausse du taux d'intérêt réel, prolongeant par là même l'effet de contraction des réformes.

Dans le même ordre d'idées, les écarts de performances réelles entre pays respectant règles monétaires et règles budgétaires sont attribués à des différences de nature structurelle, autrement dit à une plus ou moins grande flexibilité des marchés. Dès lors, assurer la convergence réelle requiert des réformes là où elles n'ont pas encore été mises en œuvre. Plus vite ce sera le cas, plus vite ce retard sera comblé. La convergence est censée résulter des flux financiers allant des pays avancés (excédentaires) vers les pays en retard (déficitaires) où ils sont censés alimenter des investissements dont l'efficacité est subordonnée à la mise en œuvre des réformes structurelles.

Le monde ainsi représenté est curieusement cloisonné. Il appartient à chaque gouvernement de suivre les prescriptions issues de cette théorie économique dominante pour que l'économie du pays qu'il dirige suive un sentier optimal. Ceux des gouvernements qui s'en écarteraient seraient immanquablement et *immédiatement* sanctionnés par des marchés financiers présumés efficients. Ils en paieraient le prix en termes de chômage et d'inflation sans que cela ait de répercussions véritables sur la performance des autres, à moins que ces derniers ne viennent à leur secours en abandonnant eux-mêmes les règles de bonne gestion.

Il y a, toutefois, un paradoxe à vouloir ainsi subordonner le court terme à un long terme prédéterminé. En effet, dans le monde que la théorie décrit, les marchés, censés capables de faire converger l'économie vers un état d'équilibre stable, sont la seule institution qui compte. Or leur efficacité est censée procéder de leur flexibilité, autrement dit de l'*immédiateté* des « bons » signaux et des réactions à ces signaux. Ce qui signifie que le long terme disparaît de l'horizon de la prise de décision. Les entreprises doivent veiller à maximiser leurs profits à *court terme* pour répondre aux exigences des actionnaires attentifs à ces seuls résultats, la banque centrale est tenue de réagir *immédiatement* à la manifestation d'anticipations inflationnistes, le gouvernement est tenu de contenir *sans délai* déficit budgétaire et dette publique en s'astreignant au respect d'indicateurs annuels, semestriels, voire trimestriels, autrement dit fixés sur une *durée purement comptable* mais *forcément courte*, comme l'exemple en est donné par les traités européens. La stabilité réelle de l'économie procède du fonctionnement concurrentiel *instantané* des marchés et d'une stabilité nominale, objectif *immédiat* des politiques monétaires et budgétaires. La thérapie de choc pour faire face aux défaillances du moment n'est autre que le reflet de la prédominance et de l'efficacité présumée de décisions prises à *court terme* en vue d'un résultat *immédiat*.

CHAPITRE 2

La tyrannie de l'histoire immédiate

Lucas (2003) expliquait, il n'y a pas si longtemps, qu'il n'y aurait plus de dépression, que l'on maîtrisait les moyens d'en prévenir l'occurrence et qu'il était moins utile que jamais de lire Keynes ravalé au rang d'essayiste politique. Krugman (1999) avait pourtant déjà pronostiqué, sur la base des événements qui avaient secoué, dans les années 1990, les pays d'Amérique latine, le Japon et les pays du Sud-Est asiatique, le retour de problèmes et de difficultés que l'on croyait écartés à jamais, ceux susceptibles de conduire à une dépression. Il indiquait que l'instabilité financière et les crises bancaires étaient, de nouveau, au rendez-vous, en même temps que se profilait une insuffisance de la demande effective.

En effet, alors que les États-Unis renouaient avec une croissance forte dans les années 1990, sans d'ailleurs appliquer toutes les prescriptions de la nouvelle doctrine, et que nombre de pays en voie de développement étaient parvenus à trouver le chemin de la croissance sans davantage se plier à ces mêmes prescriptions, des crises financières sont réapparues dans certains pays, aux États-Unis en 1987 pour la première fois depuis cinquante ans, puis, de manière plus sérieuse, en Amérique latine, au Mexique et en Argentine, en Asie du Sud-Est, en Thaïlande, en Malaisie, en Indonésie et en Corée du Sud. Elles constituaient un signe prémonitoire du danger de vouloir plier la réalité à la croyance en l'existence d'économies définitivement immunisées contre toute forme d'instabilité.

Ces crises ont mis en évidence la fragilité de certaines stratégies de développement trop peu tournées vers la réalisation d'investissements « solides » (à longue durée de gestation) et, par suite, la vulnérabilité d'économies soumises à la volatilité des mouvements internationaux de capitaux. Elles sont toujours intervenues à la suite de la sortie massive de capitaux obéissant à des réactions de court terme, mais elles n'ont été récurrentes que là où les capacités productives étaient demeurées fragiles et la balance commerciale, déficitaire, autrement dit là où faisaient défaut des investissements « solides » visant à renforcer le potentiel de croissance de l'économie domestique. Les restrictions macroéconomiques imposées en application de la doctrine dominante ne pouvaient que pénaliser un peu plus ces investissements.

La crise majeure survenue en 2008 aux États-Unis n'a pas été seulement, ni d'abord, financière. Elle a été une crise de la demande longtemps occultée qui a résulté d'un creusement des inégalités trop longtemps passé sous silence. Un tel creusement avait et continue d'avoir des causes profondes : la stagnation des salaires des travailleurs d'une industrie soumise à la concurrence des pays émergents à bas salaires ; un progrès technique biaisé en faveur des qualifications les plus élevées et des dysfonctionnements des marchés de travail qui entraînent une polarisation des emplois et des salaires ; l'augmentation des rentes consécutive au recul des régulations publiques. Il aurait pu affecter la demande plus rapidement s'il n'y avait eu un endettement massif des ménages les moins aisés qui, par ailleurs, ont pu bénéficier des prix très bas des biens importés des pays émergents. Pendant que les ménages les moins riches ont eu recours à l'endettement pour financer leurs achats, les ménages les plus riches utilisaient leur excédent d'épargne à acheter des actifs financiers, alimentant la hausse de leurs prix (Rajan, 2010 p. 46-92). Il en est résulté une inflation du prix des actifs financiers et immobiliers dans une période au cours de laquelle les prix des biens étaient quasiment stables. La rupture était inévitable. Elle a, certes, une dimension financière, mais elle révèle une insuffisance potentielle de la demande qui se répercute sur les choix des détenteurs de capitaux de plus en plus dominés par la recherche de gains immédiats.

Il existe de très fortes similarités entre les événements des années 1920 suivis de la crise de 1929 et ceux des années 1990 suivis des crises de 2001 et 2008 (Eichengreen, 2015). Dans les deux cas à l'euphorie ont succédé une crise financière et un recul de l'activité et des échanges internationaux. À une grande différence près : la similarité des évolutions n'est pas allée, dans le second cas, jusqu'au déclenchement d'une véritable dépression, laissant seulement planer le doute sur une éventuelle stagnation séculaire. Les effets de l'instabilité financière ont pu être contrariés grâce à des mesures de politique économique proactives (budgétaires et monétaires) et à un effort de coordination interétatique qui, au pic de la crise, a prévenu le déclenchement de guerres commerciales qui n'auraient fait que des perdants. La théorie keynésienne standard a été ressortie du placard où l'avait enfermée le consensus, et l'État régulateur est revenu en grâce pour éviter le pire.

Les mesures en question se sont, toutefois, avérées des mesures ponctuelles destinées à corriger des écarts au fond présumés conjoncturels, faute de vouloir considérer les ruptures structurelles et les enchaînements ayant conduit à la crise. La parenthèse interventionniste a été vite refermée. Stabilité nominale et réformes structurelles sont demeurées le credo des responsables politiques et de la pensée économique dominante, singulièrement en Europe.

De fait, les réactions à la crise sont emblématiques d'un dilemme, celui auquel sont confrontés les nouveaux économistes keynésiens. Ces derniers continuent de partager avec les nouveaux économistes classiques une même vision de l'organisation des marchés et des déterminants de l'activité en longue période tout en manifestant leur réticence à réaliser trop rapidement la consolidation budgétaire et les réformes structurelles. L'ancien conflit entre keynésiens et monétaristes, entre partisans de choix discrétionnaires et partisans de règles intangibles, resurgit sur un mode mineur quand il est question non de la nécessité de la consolidation budgétaire et des réformes en elles-mêmes, mais du *rythme* de leur mise en œuvre.

Les nouveaux économistes classiques n'ont pas d'explication crédible de la crise, ni d'ailleurs des moyens d'échapper à la récession qui s'ensuit, sauf à suggérer d'injecter de la monnaie sous forme de prêts à la condition d'exclure toute forme d'intervention du gouvernement dans l'allocation du capital. Les nouveaux économistes keynésiens entendent, quant à eux, promouvoir des politiques actives, sur le terrain tant budgétaire que monétaire, tout en maintenant la distinction entre situation de court terme ou conjoncturelle et situation de long terme ou structurelle, sans lien l'une avec l'autre. Les difficultés du moment continuent d'être considérées comme des écarts *temporaires* à l'équilibre de longue période mû par les seules forces de l'offre. Sous l'empire d'une théorie qui n'est pas vraiment remise en cause, la nécessité de répondre à la crise en augmentant la dépense et la dette publiques se heurte rapidement à une exigence de consolidation en accord avec la recherche de l'équilibre de long terme. La politique monétaire, censée avoir un effet de relance de l'activité quand l'économie est en récession, se heurte à l'inertie des entreprises qui voient les perspectives de croissance se dégrader à court comme à long terme et renoncent à investir. Autant de dilemmes que ces mêmes économistes keynésiens essaient de dépasser en prenant en considération aussi bien le coût social du chômage que son effet sur la croissance potentielle, mais en persistant à recommander de simples mesures budgétaires de soutien à l'activité. Du piège budgétaire et de l'impasse monétaire a résulté, au sein de l'Union européenne, sorte de modèle réduit de la mondialisation, à l'encontre des attentes initiales, une divergence marquée de performance entre les pays membres mettant en cause la survie même du projet politique.

Le piège budgétaire

La plupart des pays, au début de la crise en 2008-2009, ont, à juste titre, privilégié une intervention rapide des banques centrales, par le biais de crédits massifs accordés aux institutions financières.

Cette injection a été efficace en ce qu'elle a permis de prévenir l'effondrement du secteur bancaire. Elle a permis d'accompagner le désendettement auquel étaient contraints les banques, les entreprises et les ménages, qui ont cherché à reconstituer leurs bilans, réduisant ainsi la liquidité à un rythme plus rapide que n'était assuré l'octroi de crédit. Toutefois, la demande de biens et services est restée atone, la croissance n'a pas été relancée. La trappe à liquidités, qui avaient disparu des manuels d'économie, est réapparue dans les faits.

La crise a alors donné lieu à une réelle inflexion. Dès que la politique monétaire est apparue inopérante pour relancer l'économie, à l'automne 2009, des plans massifs de relance budgétaire ont été mis en œuvre qui ont soutenu la demande et mis l'économie sur la voie de la reprise au prix d'une dégradation généralisée des finances publiques. Les pays de la zone euro n'ont pas fait exception même si les mesures prises ont été beaucoup plus timides qu'aux États-Unis.

Cependant, une fois la phase aiguë de la crise dépassée, la crainte d'une montée incontrôlable des déficits et de la dette a provoqué un revirement rapide de la politique économique. L'explication tient, paradoxalement, au succès des mesures de sauvegarde, qui a pu faire croire en la robustesse du système et affaiblir les arguments en faveur d'une réorientation radicale de la politique économique. Comme de coutume, les idées anciennes, bien installées, ont prévalu.

En Europe, là où la doctrine officielle était suivie avec le plus d'application, le virage vers l'austérité a été particulièrement brutal. La crise dans les pays périphériques (Grèce, Irlande, Portugal, Espagne) a été interprétée comme le fruit d'une dérive budgétaire coupable et a été « soignée » au moyen d'un assainissement des finances publiques. Ce retournement n'a pas été propre à la zone euro. À partir de 2011, toutes les grandes économies, y compris les États-Unis, sont allées dans le même sens. Aux États-Unis, la demande intérieure de consommation et d'investissement a toutefois pris le relais de la dépense publique pour soutenir la croissance. Ce qui n'a pas été le cas dans les pays européens qui ont vite replongé dans la récession (Eichengreen, 2015, p. 337-349).

En Europe, la consolidation budgétaire est allée de pair avec l'exigence de réformes structurelles, censées libérer le potentiel de l'économie. Les pays en difficulté, bénéficiant d'une assistance financière, ont vu celle-ci conditionnée à la mise en œuvre de ces réformes touchant prioritairement le marché du travail et les transferts sociaux.

Il est, certes, assez généralement admis que les mesures d'austérité et les réformes structurelles ont eu des effets récessifs plus importants que prévu, notamment en Europe. Mais la récession a été considérée comme un effet secondaire incontournable de politiques censées augmenter, *à terme*, le taux de croissance potentiel de l'économie. Cette assertion reposait sur la distinction consensuelle entre le court et le long terme, entre les facteurs liés à la demande et les politiques d'offre. Les pertes subies à court terme ne devaient en rien obérer les gains à long terme. Ces pertes à court terme pouvaient même être minimisées, voire converties en gains, si l'effort réformateur et la consolidation budgétaire étaient perçus comme suffisamment crédibles par les marchés, ce qui, en améliorant la confiance, entraînerait une hausse de la dépense privée, faisant plus que compenser la baisse de la dépense publique.

La plupart des estimations des multiplicateurs de dépenses réalisées jusque-là allaient dans ce sens, s'accordant pour conclure qu'une augmentation des dépenses était à peine expansionniste, et, symétriquement, un programme d'austérité ne devait avoir qu'un effet négatif faible. L'austérité imposée à la Grèce aurait dû assurer le redressement de ses finances publiques et favoriser une hausse du taux de croissance potentiel, sans affecter trop fortement la croissance à court terme.

En fait, la valeur calculée *ex post* des multiplicateurs s'est avérée nettement plus élevée que prévu et ce d'autant plus que l'économie était loin de son niveau potentiel (l'équilibre de long terme). Ce qui n'a rien de surprenant s'agissant d'effets forcément immédiats d'une baisse des dépenses et, donc, des revenus, quand les agents privés entendent, prioritairement, se désendetter, quand les occasions d'investissements privés restent faibles et quand le système bancaire reste fragile.

Aussi, non seulement l'austérité, là où elle a été mise en œuvre, a affecté la production et l'emploi plus fortement que prévu, mais elle a, comme on pouvait s'y attendre, échoué à rétablir l'équilibre des finances publiques. La chute de l'activité a été plus forte que la réduction des dépenses publiques, entraînant une augmentation du ratio de la dette publique au produit intérieur brut. Les enchaînements pervers, soigneusement ignorés de la théorie, ont prévalu.

Le piège budgétaire s'est ainsi refermé. D'un côté, les relances ponctuelles, censées répondre à une situation perçue comme purement conjoncturelle impliquant qu'un retour à la norme – l'équilibre permanent des comptes publics – devait être aussi rapide que possible eu égard à son coût social, ont échoué. De l'autre, une consolidation budgétaire prématurée a enfoncé les économies concernées dans la crise. La raison de ce double échec tient au défaut d'analyse des relations entre dépenses publiques et dépenses privées d'investissement sur laquelle nous devrons revenir (chapitre 7). La politique monétaire ne pouvait que conserver un rôle prééminent.

L'impasse monétaire

Le consensus doctrinal veut qu'il n'existe pas de relation à long terme entre inflation et chômage. Il est seulement possible qu'une telle relation continue à exister à court terme, signifiant qu'une politique monétaire accommodante devrait permettre de relancer l'activité et engendrer des tensions inflationnistes. Ce qui devrait être le cas quand le taux courant de chômage se trouve être nettement supérieur au taux naturel, comme observé au moment de la crise. L'idée est que la combinaison d'un faible taux d'inflation, d'un taux d'intérêt réel naturel déclinant et de l'existence d'une limite inférieure (égale à zéro) imposée au taux d'intérêt nominal prévient le rétablissement du plein-emploi. Il appartient, alors, à la banque centrale de conduire une politique monétaire qui permette une hausse du taux d'inflation entraînant une chute du taux d'intérêt réel.

Or, si les baisses de taux d'intérêt et les mesures monétaires qualifiées de non conventionnelles consistant dans l'achat de titres (l'assouplissement quantitatif) ont permis d'enrayer une dynamique déflationniste et de réduire les écarts de taux d'intérêt au sein de la zone euro, elles n'ont pas eu l'effet inflationniste tangible qui aurait dû accompagner la reprise de l'activité. Le fait que les taux d'intérêt à long terme soient devenus extrêmement bas face à un excédent global d'épargne s'est traduit non par une hausse des volumes d'investissement productif, mais par la formation de bulles spéculatives dont l'un des aspects emblématiques est le rachat de leurs propres actions par les entreprises qui n'ont pas hésité à s'endetter pour ce faire.

Cette impasse monétaire a réactivé le débat sur la relation de Phillips entre inflation et chômage initié dans les années 1960. À cette époque, la remise en cause de l'orthodoxie keynésienne s'était appuyée sur l'argument que la courbe était verticale au moins à long terme, signifiant que toute tentative des autorités publiques d'éloigner l'économie de son taux d'équilibre dit naturel était vouée à l'échec. Or, depuis le début de la crise, la courbe s'est au contraire aplatie, signifiant que le taux d'inflation est stable et faible en dépit de larges oscillations du niveau d'activité.

Plusieurs explications sont avancées. Changement technologique et concurrence internationale tendraient à exercer une pression à la baisse sur les salaires et les prix. La mesure du sous-emploi serait faussée en retenant uniquement le taux de chômage et en négligeant le nombre de travailleurs découragés ou occupant des emplois précaires. Les anticipations d'inflation seraient essentiellement inertes du fait de la longueur de la période de modération enregistrée et de la crédibilité acquise par la politique monétaire en cette matière.

La conclusion, qui en est tirée par les économistes keynésiens, est qu'il y a place pour des politiques budgétaires expansionnistes à court terme. Distance est, alors, prise implicitement avec la notion de taux de chômage naturel conçu comme un attracteur pour se tourner vers la notion de taux de chômage qui n'accélère pas l'inflation reflétant non pas les caractéristiques structurelles des marchés de biens et du travail, mais une situation *temporaire* qui résulterait des ajustements de l'économie aux chocs passés.

C'était déjà l'analyse que faisait Tobin (1972) de la notion de taux de chômage structurel quand il donnait son explication de la « stagflation » en opposition avec celle défendue par Friedman (1968). Il faisait valoir qu'inflation et chômage sont le fruit des ajustements opérés sur les différents marchés de biens en réaction aux déséquilibres enregistrés. L'hypothèse formulée est que ces ajustements sont asymétriques : en situation de demande excédentaire, les entreprises augmentent les prix plutôt que les quantités et diminuent les quantités plutôt que les prix en situation d'offre excédentaire. Dès lors, en cas de variance accrue des déséquilibres de marché, inflation et chômage augmentent simultanément, et *vice versa*. Il existe bien un taux de chômage qui n'accélère pas l'inflation, mais il n'est autre que le reflet, par définition *temporaire*, d'une distribution donnée des demandes excédentaires sur les différents marchés.

Le message ainsi adressé est de portée générale. Il n'existe pas un unique taux de chômage compatible avec la stabilité des prix et des salaires qui serait le taux de chômage de long terme, mais plusieurs taux de chômage que l'on pourrait qualifier de structurels, correspondant à différentes distributions des demandes excédentaires par définition *évolutives*. Le phénomène inflationniste n'est plus, alors, attribuable aux seules dérives budgétaires ou monétaires du gouvernement. Prix et salaires peuvent rester stables en dépit de facilités monétaires et d'une réduction du taux de chômage. Cela tient, comme nous le verrons, au comportement des entreprises sur des marchés hétérogènes, aux contraintes qu'elles subissent et aux anticipations qu'elles formulent.

On comprend, dans ces conditions, que la politique monétaire puisse être dans une impasse, faute d'être l'instrument unique de régulation en présence de situations qui dépendent des comportements d'investissement des entreprises jamais réductibles, comme nous le verrons (chapitres 4 et 5), à une réaction aux variations de taux d'intérêt ou à l'offre de liquidités.

L'alibi de l'effet d'hystérèse

Qu'il s'agisse des conséquences dramatiques de l'austérité budgétaire ou de la relation perdue entre inflation et chômage, les nouveaux keynésiens ont pris acte d'événements sortant du cadre théorique pourtant partagé avec les nouveaux classiques. La difficulté concrète qu'ils identifient est que les chocs négatifs sur le produit intérieur brut courant et l'emploi sont susceptibles d'affecter le produit potentiel, notamment en raison du fait que les travailleurs, qui restent sans emploi pendant une période relativement longue, perdent en qualification, en employabilité et deviennent moins productifs.

Cet effet d'hystérèse, largement attesté empiriquement, consiste dans la détérioration du stock de capital (physique et humain) de l'économie en période de récession qui nuit à sa capacité de croissance. La soutenabilité de la dette se trouvant dégradée, les gouvernements sont poussés à adopter de nouvelles mesures d'austérité ne pouvant qu'affecter encore davantage le taux de croissance potentiel. À l'inverse, une stratégie *gradualiste*, consistant à étaler la consolidation budgétaire sur une période de temps plus longue, serait moins coûteuse en termes de production et d'emploi et plus efficace à rendre les finances publiques soutenables. Le but est de minimiser le coût social *immédiat* du chômage ainsi que son coût *ultérieur* en termes de croissance.

La question n'est pourtant pas aussi simple. Il est toujours possible de rétorquer que des restrictions budgétaires brutales, mais de courte durée, impliquant une augmentation du taux de chômage forte, mais très rapidement résorbée, prévient un effet d'hystérèse. Une consolidation budgétaire moins brutale permettrait d'avoir un taux de chômage plus faible mais plus durable, au risque de faire perdre effectivement en employabilité les chômeurs de longue durée.

Le problème doit être posé différemment. D'un côté, en raison du coût social immédiat du chômage et de son effet négatif sur la croissance potentielle, il semble opportun de reporter la consolidation budgétaire afin de ne pas laisser le taux de chômage conjoncturel augmenter trop fortement, trop longtemps. De l'autre, la persistance d'un niveau élevé de chômage structurel continue d'être attribuée aux rigidités du marché du travail. Dès lors, si l'on veut prévenir l'effet d'hystérèse, il importe de réaliser *au plus vite* les réformes du marché du travail qu'il convient de compléter avec des réformes du marché de la formation censées permettre des ajustements *rapides et fréquents* de l'offre à la demande de travail qualifié.

Un dilemme surgit cependant. Les réformes structurelles ont un coût immédiat en termes de revenus et d'emploi du fait des restructurations qu'elles ne manquent pas d'entraîner et du temps nécessaire pour s'adapter. Ce qui justifierait qu'on en retarde la mise en œuvre à moins de les accompagner de mesures budgétaires conjoncturelles de soutien à l'activité, comme l'admettent désormais le FMI et l'OCDE.

La position keynésienne reste, au fond, traditionnelle. La politique budgétaire est le moyen privilégié à la fois pour éviter l'effet d'hystérèse et pour garantir la stabilité à court terme de l'économie, dont on attend qu'elle aide les entrepreneurs à investir, mais sans jamais dire pourquoi ni comment cette relation serait effective. L'entrepreneur est, décidément, le point aveugle de l'analyse.

La grande divergence

Le piège budgétaire et l'impasse monétaire apparus en pleine lumière au moment de la crise ont été au cœur de la divergence des performances réelles des économies européennes : une divergence déjà perceptible avant même que la crise ne se déclenche.

Le scénario privilégié, dès la conclusion du traité de Maastricht devant conduire à la constitution de la zone euro, était que la discipline budgétaire imposée aux différents pays, le ciblage de l'inflation par la banque centrale et les réformes structurelles devaient permettre une baisse généralisée des taux d'inflation et des taux d'intérêt nominaux, soit une convergence nominale entraînant une convergence des taux d'intérêt réels supposés refléter des taux d'intérêt naturels en hausse au sein d'économies devenues, structurellement, similaires. Or la convergence réelle attendue entre les pays de cette zone ne s'est jamais produite.

Il y a bien eu une plus grande discipline budgétaire, une chute du taux d'inflation moyen de la zone euro et une convergence des taux d'intérêt nominaux. En revanche, les taux d'inflation sont restés différents avec pour conséquence la divergence des taux d'intérêt réels, plutôt élevés dans les pays du cœur de la zone, plutôt bas dans les pays de la périphérie.

Ces derniers ont ainsi connu une croissance forte de la demande en même temps qu'ils perdaient en compétitivité, une croissance alimentée par la demande publique ou par la demande privée de biens immobiliers. La convergence à la baisse des taux d'intérêt nominaux a débouché sur la formation d'une bulle de crédit, sur la baisse de qualité des crédits distribués et sur des choix quant à la nature des dépenses aussi bien privées que publiques souvent contraires à un objectif de croissance durable.

La disparition du risque de change et la croyance en une convergence automatique ont conduit à penser que le risque pays avait disparu. Les déséquilibres commerciaux étaient perçus comme étant caractéristique d'une phase de rattrapage et devaient, en conséquence, s'éteindre progressivement. Les flux de capitaux sont, certes, allés des pays excédentaires vers les pays déficitaires. Le problème est qu'ils n'ont pas financé des investissements productifs susceptibles d'accroître la productivité et de concourir à la convergence à terme des performances réelles. Des taux de croissance élevés de pays déficitaires dissimulaient la faible qualité des investissements risquant d'obérer la soutenabilité de la dette qui était en train de s'accumuler, et finalement la croissance future.

L'illusion s'est dissipée à partir de 2007. La crise bancaire a eu pour effet de raréfier le volume de capitaux disponibles et d'en réorienter brutalement les flux. Pour enrayer cette crise, les États sont intervenus à la fois pour assurer le sauvetage des banques en péril et pour relancer l'activité économique. Leur endettement s'est considérablement accru mais de façon différenciée d'un pays à l'autre. Les dettes publiques continuant d'être émises au niveau national, de fortes divergences de taux d'intérêt nominaux sont apparues et se sont amplifiées, menaçant la viabilité de la zone euro et conduisant à des mesures de consolidation budgétaire. Une spirale entre accroissement des risques et chute des demandes intérieures des pays de la périphérie s'est développée au détriment de la cohésion de la zone euro.

La divergence, d'ordre structurel, entre les économies européennes s'est accompagnée de cycles d'affaires relativement synchronisés, mais d'amplitudes très différentes d'un pays à l'autre. Les pays les plus touchés par la récession ont été confrontés à une explosion de la dette publique du fait du coût de la protection sociale et de la chute des recettes fiscales. Contraints par les sorties de capitaux, ils ont tenté, souvent en vain, de réduire leurs déficits en réduisant les salaires et les indemnités versées aux chômeurs. Dans le même temps, les pays moins touchés ont vu le coût de la dette diminuer et leur situation budgétaire s'améliorer. Les divergences de performances se sont accrues d'autant plus que des phénomènes d'hystérèse ont pris place, consistant dans une détérioration du stock de capital (physique et humain) nuisant à la capacité de croître à long terme des pays les plus en difficulté.

En dépit de faits venant contredire les prédictions, la doctrine dominante n'a pas été fondamentalement remise en cause. Des entorses aux règles budgétaires et monétaires n'ont été acceptées que temporairement. Les prêts attribués en urgence et les rachats de titres par la Banque centrale européenne ont, certes, prévenu l'effondrement de la zone euro, mais la réforme bancaire n'est pas apparue aussi urgente, et la proposition a été faite par les autorités, comme par les économistes qui les conseillent, d'approfondir les marchés d'actions.

L'idée s'est fait jour, chez certains, de surseoir à la mise en œuvre des réformes structurelles en raison de leurs effets récessifs immédiats, mais les culpabilités habituelles ont continué d'être désignées : l'imprudence des banques, l'impéritie des gouvernements et leur refus, plus ou moins explicite, de reconnaître les bénéfices à long terme des réformes structurelles.

Le projet de créer un « instrument budgétaire de convergence et de compétitivité » formulé en 2019 participe de la même attitude. L'intervention budgétaire promise est conçue dans la perspective de financer la mise en œuvre des réformes structurelles telles que la révision du Code du travail ou l'assurance chômage et non de stabiliser la conjoncture ou d'absorber des chocs asymétriques entre pays, encore moins de réaliser des investissements. Un endettement sur les marchés financiers est proscrit. Aucune harmonisation fiscale ou sociale n'est envisagée. L'objectif demeure d'aligner tous les pays sur le même modèle institutionnel, clairement *atemporel*.

En bref, la situation de l'Union européenne, conçue comme le modèle réduit d'une mondialisation rêvée, est une parfaite illustration des déboires engendrés par une théorie et une politique économique faisant abstraction des déséquilibres qu'elles provoquent et de la complexité des ajustements requis au cours du temps.

CHAPITRE 3

La quête inachevée du temps

Keynes n'est pas le premier à avoir été confronté à la question de la place du temps dans l'analyse économique. Bien des jalons ont été posés avant et après lui par des économistes de premier plan ayant un souci méthodologique beaucoup plus clairement explicité (voir en appendice). Il n'en demeure pas moins que Keynes reste présent dans le débat contemporain en raison de la rupture qu'il a opérée avec ce qu'il dénommait la théorie classique. Et ce d'autant que les crises successives ont signé le retour des problèmes qu'il avait tenté de résoudre (Krugman, 1999). Sa théorie reste, d'un côté, en butte à l'hostilité des tenants du consensus actuel qui ont toujours dénoncé chez lui ce qu'ils jugent être des défaillances théoriques, pour ne pas dire des positions politiques ignorant les principes d'une démarche scientifique (Lucas, 2003). Une hostilité aux arguments finalement peu convaincants, comme nous allons le voir. D'un autre côté, sa théorie, même réhabilitée, ne répond que très partiellement aux attentes suscitées par la crise car elle est, pour l'essentiel, *hors du temps*, en se focalisant sur l'étude d'un état de l'économie, qui plus est un état de dépression, même si celui-ci est dépendant d'anticipations effectuées en situation d'incertitude radicale.

La dénonciation émanant des économistes de la nouvelle école classique a plusieurs facettes. Sont en ligne de mire l'ignorance de l'offre, la confiance aveugle dans un soutien de la demande par le canal de la dépense publique, la négligence des effets inflationnistes de cette politique, la négation du rôle central de la monnaie, l'ignorance des propriétés du long terme.

Or une lecture attentive de Keynes laisse pour le moins perplexe quant à la pertinence de cette dénonciation qui concerne surtout la synthèse néoclassique dont nous allons voir qu'elle en travestit le message. L'économie de Keynes est une économie d'*entrepreneurs*, comme il l'a désigné lui-même dans les travaux préparatoires de la *Théorie générale* (Keynes, 1973), autrement dit une économie dans laquelle les comportements d'*investissement* des entrepreneurs, reposant sur des *anticipations* en situation d'*incertitude* radicale, sont déterminants de l'état de l'économie. C'est aussi une économie monétaire, qui plus est une *économie monétaire de production*, dont toutes les variables, à commencer par l'emploi, dépendent des comportements monétaires et financiers. Ce que les économistes de la synthèse ont laissé de côté.

La critique d'un oubli du long terme n'est pas davantage crédible quand on prend soin de lire complètement le passage de Keynes souvent incriminé dans lequel il prend ses distances avec l'idée qu'il existe un équilibre de long terme, en l'occurrence celui qui impliquerait qu'un doublement de l'offre de monnaie se traduise par un doublement des prix sans effet sur les quantités. « Ce *long terme* est un guide trompeur des affaires courantes. À *long terme* nous sommes tous morts. Les économistes se donnent une tâche trop facile et sans utilité si, au cours de saisons tempétueuses, ils peuvent seulement nous dire que quand l'orage est passé depuis longtemps, l'océan redevient calme » (Keynes, 1923, p. 65). Keynes invite ainsi économistes et décideurs à se préoccuper des désordres, pour ne pas dire des désastres, que peut susciter, à long terme, l'idée que les déséquilibres du moment se résolvent d'eux-mêmes. Loin d'ignorer le long terme ou de négliger le sort des générations futures, il laisse entrevoir que la succession des déséquilibres enregistrés à court terme façonne le long terme pour le meilleur comme pour le pire et qu'il y a danger à ne rien faire. Mais sans jamais plus de précision.

L'objectif reste d'établir l'existence d'un *équilibre* de sous-emploi, non de construire une analyse de la séquence de déséquilibres constitutive de la longue période. Il y est question d'incertitude radicale, mais pour mettre l'accent sur la prégnance de la psychologie collective des détenteurs de capitaux sur les marchés financiers aux effets immédiats et dissuasifs des investissements productifs.

Le véritable défaut de l'analyse de Keynes est de s'en être tenu au court terme, à ne pas avoir retenu l'investissement dans sa dimension de création d'une capacité de production, à ne rien dire de la flexibilité ou de la rigidité des prix sur la longue période, ni des conditions institutionnelles qui ont permis aux entrepreneurs d'avoir confiance dans leurs calculs et de se projeter à long terme. De quelque manière, l'accent est trop exclusivement mis sur la survenue de crises financières et bancaires alors qu'il reste pertinent de s'interroger sur la possibilité et l'existence de situations « normales », au cours desquelles des investissements longs porteurs de gains de productivité et de croissance ont pris place.

La synthèse ou le détournement

Après la Grande Dépression, le message délivré par Keynes s'est trouvé dilué puis détourné en étant circonscrit au modèle revenu-dépense IS-LM, dit Hicks-Hansen. Ce modèle conserve, en principe, de la méthode de Keynes sa véritable nouveauté, à savoir le rôle des anticipations dans la détermination d'un équilibre macroéconomique qui peut être un équilibre de sous-emploi. Les anticipations de profit (le rendement futur attendu) affectent l'investissement, et les anticipations de taux d'intérêt (de prix des titres) affectent la demande de monnaie, autrement dit la préférence pour la liquidité. Il arrive, alors, qu'une chute du taux d'intérêt qui devrait suivre une baisse du taux de profit anticipé soit contrariée par la préférence accrue pour la liquidité des porteurs de titres qui vont anticiper une baisse des prix des titres, avec comme conséquence une chute du revenu et de l'emploi.

Des changements *a priori* mineurs vont être introduits. À la préférence pour la liquidité, intrinsèquement liée à l'incertitude radicale, est substitué un choix de portefeuille entre monnaie et titre impliquant de ramener le taux d'intérêt à un coût d'opportunité. S'il est élevé, la demande de monnaie sera faible, et *vice versa*. Il n'est plus question d'écart du taux d'intérêt courant au taux d'intérêt anticipé. Si une insuffisance de la demande agrégée exerce une pression à la baisse des prix, l'offre réelle de monnaie augmentera, le taux d'intérêt diminuera et s'établira au niveau requis par le plein-emploi.

Le chômage apparaît de nouveau comme la conséquence de la rigidité des prix. Or, chez Keynes, l'hypothèse des prix fixes permet d'établir l'existence d'un équilibre de sous-emploi alors que la flexibilité des prix est la source d'un processus cumulatif de dépression *via* la hausse du poids des dettes.

Le modèle ainsi établi fait consensus justifiant de le qualifier de modèle de la synthèse. Le débat, essentiellement empirique, va porter sur le choix de l'instrument de politique économique. Pour les keynésiens, l'élasticité intérêt de l'investissement est faible ou nulle tandis que l'élasticité intérêt de la demande de monnaie est élevée, de sorte que seule la politique budgétaire est efficace. Pour les monétaristes, les élasticités ont des valeurs inverses, et seule la politique monétaire est efficace. Ce faisant, les keynésiens réintroduisent une dichotomie entre secteur réel et secteur monétaire que Keynes avait voulu faire disparaître, permettant, en outre, aux monétaristes de se prévaloir de ce que la monnaie compte.

Le modèle de la synthèse aboutit, fondamentalement, à occulter la prise en compte des anticipations, qu'il s'agisse des anticipations de profit ou des anticipations de taux d'intérêt. Elles vont disparaître de l'analyse en raison du découpage du temps retenu, en fait de la définition de la courte période. Cette période est jugée suffisamment longue (l'année) pour que soit atteint un équilibre sur le marché des biens (possiblement associé au sous-emploi), reflétant des anticipations de profit à plus long terme qui sont alors des données dont on finit par oublier l'existence en dépit de leur possible volatilité. Cette période est beaucoup plus longue que celle (la semaine) au cours de laquelle s'exercent les anticipations de taux d'intérêt (et de prix des titres) dont il faut alors admettre qu'elles sont réalisées, les faisant par là même disparaître, à leur tour, de l'analyse.

Revenir à ce qui nous semble être le message essentiel de Keynes suppose de rétablir l'investissement des entreprises dans son rôle primordial et avec lui l'importance d'anticipations que rien ne permet de penser qu'elles sont systématiquement réalisées.

Incertitude et incitation à investir

Contrairement à l'acception usuelle, la théorie de Keynes est d'abord une théorie de l'investissement des entreprises et de l'incitation à en décider. Certes, l'investissement est une composante de la demande au même titre que la consommation, mais c'est une composante relevant du comportement d'entrepreneurs qui disposent, dans l'économie, d'une position hiérarchiquement dominante dans la mesure où ce sont eux qui fixent la demande de travail en relation avec la demande de biens qu'ils anticipent, autrement dit la demande effective.

Alors que la consommation dépend du revenu *courant*, l'investissement dépend du rendement *attendu* et du prix d'offre du capital (le coût de remplacement). Alors que ce prix est stable, le rendement attendu varie avec l'opinion des entrepreneurs à propos de ce qui arrivera dans le futur au cours de plusieurs périodes successives et du taux d'intérêt (le prix du temps) tel que déterminé sur le marché financier par les attentes, à plus ou moins court terme, des détenteurs de capitaux. « L'erreur de regarder l'efficacité marginale du capital principalement en termes de rendement *courant* de l'équipement en capital, ce qui serait correct seulement dans une situation statique dans laquelle il n'y aurait aucun changement dans le futur pour influencer le présent, a eu pour résultat de rompre le lien théorique entre aujourd'hui et demain. Même le taux d'intérêt est, virtuellement, un phénomène *courant* ; et si nous réduisons l'efficacité marginale du capital au même statut, nous nous privons de prendre en considération l'influence du futur dans notre analyse de l'équilibre existant » (Keynes, 1936, p. 145-146). Ce serait ignorer le caractère durable des équipements, et l'on pourrait ajouter, en se référant, cette fois, à Hicks (1973), la durée de la période de leur mise en œuvre.

Les décisions d'investissement sont déterminées, seulement marginalement, par les conditions technologiques ou par le comportement d'épargne des ménages, qui sont plutôt stables. Elles sont, avant tout, affectées par l'*incertitude radicale* telle que reflétée dans les conditions financières et dans l'environnement perçu des affaires.

Des risques sont pris qui sont, d'une part, celui de l'emprunteur et, d'autre part, celui du prêteur. Le risque de l'emprunteur (ou de l'entrepreneur) naît de l'incertitude qui frappe le calcul du rendement attendu de l'investissement. Le risque du prêteur naît de l'éventualité de défaut de l'emprunteur résultant d'anticipations de rendement déçues. L'estimation de l'ampleur de ces deux risques est déterminante du montant de l'investissement et de ses fluctuations, lesquelles sont déterminantes des fluctuations de la demande agrégée.

Une économie monétaire de production

Keynes, dans les travaux préparatoires de la *Théorie générale*, distingue une économie d'échange réel, « qui utilise la monnaie, mais l'utilise simplement comme un lien neutre dans les transactions portant sur des biens et des actifs réels et ne lui permet pas d'en affecter les motivations ou les décisions », d'une économie monétaire, « dans laquelle la monnaie joue son propre rôle et influe sur les motivations et les décisions, étant, en bref, l'un des facteurs déterminants de la situation, de sorte que le cours des événements ne peut être prédit, ni à long terme, ni à court terme, sans que l'on ait une connaissance du comportement de la monnaie du début jusqu'à la fin » (Keynes, 1973, p. 408-409). Il en appelle alors à formuler une *théorie monétaire de la production*, dont l'objet est de montrer que « booms et dépressions sont des phénomènes particuliers à une économie dans laquelle [...] la monnaie n'est pas neutre ». Ajoutant que « ce n'est pas la même chose que de dire que des booms et des dépressions relèvent d'un problème purement monétaire. Car cette affirmation implique généralement qu'une solution complète est à trouver dans la politique bancaire » (*ibid.*, p. 411). Rien n'est dit, cependant, de la nature de la relation entre banques et entreprises et du rôle qu'y joue le temps.

Dans la *Théorie générale*, la dimension essentiellement monétaire des variables dites réelles s'inscrit dans la dépendance de l'investissement des entreprises vis-à-vis du taux d'intérêt. La différence avec la théorie classique tient à ce que le taux d'intérêt n'est plus le taux naturel que fixeraient les seules conditions « réelles », autrement dit les technologies et les préférences.

Suivant la théorie néoclassique, le taux d'intérêt est fixé à un niveau correspondant à l'égalité entre la demande de fonds prêtables (l'investissement) et l'offre de fonds prêtables (l'épargne). Ce taux d'intérêt d'équilibre est une variable réelle. Wicksell l'appelle le taux d'intérêt naturel. Une chute du taux de rendement de l'investissement crée un excès d'épargne que résorbe une baisse de ce taux d'intérêt. Le montant de l'investissement diminue, celui de la consommation augmente. L'équilibre est maintenu et le plein-emploi, préservé. Cette théorie est remise en cause par Wicksell qui fait état de l'influence sur les prix d'un écart entre le taux naturel et le taux bancaire. Elle l'est par Keynes dès le *Traité sur la monnaie* (1931) dans lequel il fait valoir le rôle joué par les spéculateurs sur le marché financier. Ainsi, suite à une chute du taux de rendement du capital, le taux d'intérêt ne diminue pas (ou pas autant qu'il ne le devrait) en raison du comportement des détenteurs de capitaux qui anticipent une baisse du prix des titres (une hausse du taux d'intérêt). L'excédent d'épargne n'est pas résorbé en augmentation de la consommation et se retrouve sous la forme d'encaisses thésaurisées. Quand des ajustements du produit réel et de l'emploi prennent place, le revenu diminue et, avec lui, l'épargne. Cette dernière interprétation de la théorie de Keynes, proposée par Leijonhufvud (1981, p. 164-169), relève d'une interpolation entre le modèle du *Traité sur la monnaie* (1931) et celui de la *Théorie générale*. L'investissement ainsi que le revenu, l'emploi et le taux d'intérêt deviennent des variables monétaires dans le sens qu'elles sont influencées par les comportements monétaires et financiers. Ce dont Keynes rend compte dans la *Théorie générale* quand il fait dépendre l'état des anticipations à long terme et donc l'incitation à investir du comportement des détenteurs de capitaux.

L'état des anticipations à long terme concerne les changements futurs de technologies et de préférences, mais aussi « l'importance de la demande effective à chacune des périodes de la durée de vie de l'investissement considéré » (Keynes, 1936, p. 147). Il fait figure d'état psychologique que commandent « les faits à propos desquels nous nous sentons quelque peu confiants, bien qu'ils puissent ne pas être aussi pertinents pour notre sujet que d'autres faits sur lesquels notre connaissance est imprécise et limitée » (*ibid.*, p. 148). En outre, « l'état des anticipations à long terme sur lesquelles nos décisions sont basées ne dépend pas uniquement de la prévision la plus probable que nous puissions faire. Il dépend aussi de la confiance avec laquelle nous faisons cette prévision » (*ibid.*).

Or, si l'on suit Keynes, la confiance n'est pas réductible à celle affichée par l'entrepreneur individuel prenant des décisions irrévocables et affichant son goût du risque. Elle est celle que lui accorde le marché financier. « Avec la séparation qui prévaut aujourd'hui entre propriété et gestion et avec le développement de marchés financiers organisés, un nouveau facteur d'une grande importance est entré en ligne de compte, qui facilite parfois les investissements, mais ajoute parfois aussi beaucoup à l'instabilité du système » (*ibid.*, p. 150-151). Et d'ajouter : « ainsi, certaines catégories d'investissements sont régies par les attentes moyennes de ceux qui négocient en Bourse, telles qu'elles ressortent du prix des actions, plutôt que par les véritables attentes de l'entrepreneur professionnel » (*ibid.*, p. 151).

Suivant cette approche, la séparation de la propriété et du contrôle crée non pas tant un *défaut d'incitation*, comme le veut la théorie moderne de l'entreprise, qu'un risque d'*instabilité*. D'un côté, les avantages procurés par les marchés financiers, en tant qu'ils rendent compatibles des préférences pour le temps opposées, sont affirmés : « les investissements “fixes” pour la communauté sont ainsi rendus “liquides” pour l'individu » (*ibid.*, p. 153). D'un autre côté, l'incertitude est si grande que l'activité de spéculation peut l'emporter sur l'activité d'entreprise, la circulation financière (la monnaie utilisée à des fins spéculatives) peut l'emporter sur la circulation industrielle, la recherche de gains immédiats peut prévaloir sur l'attente de rendements calculés sur toute la durée de vie d'un équipement.

Le long terme oublié

Keynes, tout en ayant conscience que les événements à long terme sont le résultat de l'amplification ou de l'amortissement des déséquilibres enregistrés à court terme, fait porter uniquement son attention, dans la *Théorie générale* (1936), sur un équilibre de court terme, sans considération des conditions de l'accumulation de capital, donc de la suite des événements. Il s'agit là d'un choix politique : celui de montrer qu'il est possible pour une économie d'être piégée dans un état de sous-emploi. C'est un choix lourd de conséquences, car il cantonne l'analyse au cas d'une économie en *état de dépression*. L'épargne est réduite à une abstention de consommer. Il n'y a aucune théorie de la formation des prix, sinon pour afficher que la flexibilité des prix et des salaires ne fait qu'aggraver les choses. Rien n'est dit de la flexibilité ou de la rigidité en dehors de la situation particulière analysée.

Considérer, comme le fait Keynes, que le taux d'intérêt est déterminé par l'offre et la demande de monnaie, laquelle procède, pour une part (la demande de monnaie pour le motif de spéculation), d'un arbitrage entre détention de monnaie et détention de titres anciens, conduit à négliger l'offre de fonds prêtables et par là même la fonction de pourvoyeur de crédit des banques. Certes, la décision d'épargner des ménages ne communique pas aux entreprises l'intention d'effectuer une consommation particulière à une date future spécifiée. Mais l'épargne, ramenée à la seule abstention de consommer dans l'immédiat, est strictement passive et s'adapte à un investissement qui répond aux esprits animaux des entrepreneurs, en fait à l'attitude des détenteurs de capitaux sur les marchés financiers. Rien ne peut être dit de l'intermédiation bancaire ou financière, de l'accumulation de capital, des gains de productivité qui lui sont associés et de la croissance (Leijonhufvud, 1981, p. 174-177).

Considérer l'épargne sous le seul angle de l'abstention de consommer a pour corollaire de ne pas se préoccuper de la nature de l'investissement. Celui-ci ne compte qu'en raison de l'emploi qu'il procure et du revenu qu'il génère *immédiatement*. « En conséquence, peu importe si la forme qu'il prend est choisie judicieusement ou non. Ce n'est que quand on regarde plus loin que cela compte. La théorie de Keynes, ainsi interprétée, est intrinsèquement myope » (Hicks, 1985, p. 60).

Dans le cas d'espèce d'une économie en dépression, l'effet d'une hausse de la dépense publique sur le revenu est *instantané*. Le multiplicateur budgétaire ainsi considéré est élevé à la fois parce que la dépense de consommation dépend du revenu *courant* et parce que les capacités disponibles (inutilisées) sont importantes et *immédiatement* mobilisables.

Le fait que la psychologie collective sur les marchés financiers l'emporte, plongeant les entreprises dans l'*immédiateté* d'une salle de jeux d'argent, réduit le rôle de la monnaie et de la finance à l'influence perverse de la spéculation à court terme.

Est-ce à dire que l'économie se trouve enfermée dans des choix *immédiats*, éventuellement *erratiques*, et qu'il n'y a d'autre issue que de s'en tenir à des comportements à court terme commandés par cette incertitude radicale sanctionnant un déclin de l'incitation à investir des entreprises ? Keynes, constatant ce déclin qu'il juge durable, finit par insister sur l'importance des investissements publics qui doivent en prendre le relais. La suite des événements a démenti ce pronostic.

Si on veut l'expliquer et comprendre ce qui se passe au long cours, hormis les moments particuliers de crise financière, il faut s'interroger sur les conditions qui permettent aux entreprises d'avoir confiance dans leurs choix d'investissement productif sans renier le fait qu'elles sont confrontées à une incertitude radicale et qu'elles ont nécessairement recours à la finance.

Dans un contexte d'incertitude radicale, sans doute faut-il analyser les anticipations en termes de degré de surprise autant qu'en termes de degré de croyance. En effet, « bien que la survenue de tout événement pour lequel il existe un degré de croyance *ex ante* entraîne un degré de surprise (d'autant plus grand que le degré de croyance est petit), pour un événement vraiment nouveau, il existe une surprise *ex post* mais aucune croyance *ex ante* en cet événement » (Georgescu-Roegen, 1971, p. 123). À défaut d'une telle croyance, l'événement se construit en chemin en réponse à l'environnement institutionnel et au degré de confiance qu'il autorise. « Le postulat de l'*Homo economicus* maximisant son utilité en étant isolé de ses semblables ne peut pas avoir de sens dans un monde dans lequel nous ne savons pas ce que demain nous apportera. En même temps, l'incertitude explique l'importance que la société a toujours accordée aux institutions qui ont établi la confiance et ancré les anticipations. Il n'est pas besoin de se replier sur des explications neurologiques de l'existence de la société » (Skidelski, 2009, p. 92). Dit autrement, « les gens ne sont pas en mesure d'agir suivant la théorie conventionnelle du choix rationnel s'ils ne peuvent pas attacher des probabilités numériques à toutes les conséquences possibles de leurs décisions [...]. Dans ces circonstances, ils ont tendance à s'en sortir en recourant à la coutume et à la convention. Ils conçoivent aussi des institutions pour se protéger d'avoir à se reposer sur des prévisions nécessairement peu fiables » (Howitt, 2008, p. 159).

Si l'on entend sortir complètement du cadre statique dans lequel Keynes enferme l'analyse en dépit du rôle attribué aux anticipations, il faut donner leur vraie dimension temporelle à la fois à la production et à la monnaie.

DEUXIÈME PARTIE

Instabilité et résilience d'une économie dans le temps

Ni des chocs de productivité, positifs ou négatifs, ni des variations inconséquentes des dépenses publiques, ni même des errements financiers ne peuvent expliquer à eux seuls l'instabilité observée. Les fluctuations qui frappent les économies de marché résultent de l'irruption de nouvelles opportunités à la fois d'élargissement de la demande, d'approfondissement de la division du travail et de création de nouvelles technologies qui suscitent ruptures des états existants, destruction créatrice et conflits d'intérêts. Toutes choses qui sont essentiellement endogènes car procédant du comportement « normal » des entrepreneurs à qui il appartient d'initier ou non ces ruptures en étant en situation de prendre des décisions d'investissement irréversibles en avenir incertain.

À ces désordres il ne peut pas être remédié *ex ante* grâce à l'intervention d'un *deus ex machina* que serait un marché autorégulé si semblable à la planification centralisée. Il appartient, en revanche, aux entreprises de tenter de maîtriser les processus engagés. Elles ne peuvent le faire sans négociations et arrangements contractuels sur les différents marchés – marchés de biens, marchés du travail, marchés du crédit et marchés financiers –, dont l'objet est de rendre fiables leurs anticipations à long terme. À défaut de ce qui s'apparente à des pouvoirs de marché, il n'y a pas d'incitation à investir, le choix de privilégier les résultats à court terme l'emporte avec son cortège d'inégalités, de chômage et de croissance faible.

La principale difficulté à laquelle les entreprises, qui explorent de nouveaux marchés et de nouvelles technologies, sont confrontées est le temps requis avant que les investissements ne deviennent opérationnels, occasionnant un décalage entre le profil temporel des coûts et celui des revenus. Une coordination intertemporelle est requise qui ne peut être réglée que grâce à l'intervention du système financier pourvu que celui-ci soit organisé de manière à privilégier une finance patiente. Il s'agit, en l'occurrence, d'offrir la possibilité aux entrepreneurs de disposer des moyens de financement aux différents moments requis et dans les volumes requis. À défaut d'un tel engagement, qui commande le mode de gouvernance, les investissements productifs cèdent devant des placements financiers à court terme à caractère spéculatif.

Les ressources financières ne sont pas seules en jeu. Les ressources humaines sont tout aussi importantes dans la conduite du changement. Le travail n'est pas une simple marchandise ramenée à des flux d'offre et de demande dépendant du taux de salaire. Il représente un fonds de ressources qui constitue, à chaque moment, une contrainte sur ce qu'il est possible de faire ainsi qu'une opportunité en raison des capacités d'apprentissage dont il est doté à raison de la durabilité ou de la solidité des emplois relevant aussi bien de l'existence de marchés internes du travail, que des mobilités de salariés capables de faire valoir, à l'extérieur, leur expérience et de jouer de la concurrence entre les employeurs.

La coordination nécessaire n'est pas acquise d'emblée, comme on l'imagine en prêtant une capacité d'optimisation intertemporelle aux individus, consommateurs ou producteurs. Elle procède de la maîtrise, à chaque étape, de l'enchaînement des déséquilibres constitutif de la longue période, une maîtrise de nature institutionnelle relative aux mécanismes de financement et au fonctionnement des marchés de travail.

CHAPITRE 4

Le temps pour produire

Il existe deux façons d'appréhender le long terme en économie. L'une consiste, comme nous l'avons vu (chapitre 1), à en faire l'expression de données « réelles », essentiellement technologiques, les événements à court terme n'étant, au pire, que des déviations par rapport au sentier ainsi déterminé, un sentier qui peut être fait de petites fluctuations, qualifiées de naturelles, attribuées à des chocs positifs ou négatifs de productivité. L'autre façon consiste à voir dans le long terme une succession de périodes que l'on peut qualifier de court terme, articulées les unes avec les autres à raison des distorsions et des déséquilibres transmis. Court terme et long terme n'existent pas en eux-mêmes. Ils n'existent que l'un par rapport à l'autre. L'essentiel réside dans le processus qui se construit en cours de route dont la *viabilité*, non l'optimalité, est en jeu (Amendola et Gaffard, 1988, 1998, 2006).

Cette dernière démarche repose sur l'observation que la production prend du *temps* au sens où les capacités de production doivent être construites avant d'être utilisées. Dans ces conditions, l'investissement des entreprises est non seulement une demande qui donne lieu à création d'emplois et distribution de revenus à court terme, mais aussi une création de nouveaux processus de production qui se rapporte à un marché futur essentiellement inconnu et structure l'évolution sur la longue période. *Incertitude* et *irréversibilité* caractérisent cette évolution qui répond à de multiples interactions et peut emprunter de multiples sentiers.

C'est à une révision de l'analyse du fait productif que l'on est ainsi convié en tout premier lieu. De fait technique, il devient un fait organisationnel dont dépend le choix des technologies mises en œuvre, sinon même créées. L'organisation dite industrielle de l'activité est, à la fois, la source du taux d'utilisation maximal possible des ressources productives existantes et une incitation à en créer de nouvelles. Les changements récurrents qu'elle suscite provoquent des ruptures systématiques de la structure productive Des fluctuations du produit et de l'emploi en résultent à raison des défauts de coordination qui ne manquent pas de survenir en cours de route, sans qu'il soit besoin d'en appeler aux propriétés de la technologie ou à l'existence de troubles monétaires et financiers pour les expliquer.

Dans cette perspective, le marché en tant qu'il est créateur, *dans le temps*, d'informations et de connaissances participe du processus de coordination. Pour autant, ce n'est pas le marché de concurrence parfaite qui est ici considéré, supposant une coordination parfaite et instantanée, mais un marché « normalement » imparfait, caractérisé par des restrictions naturelles ou contractuelles auxquelles les entreprises sont soumises : des restrictions de comportement qui concourent au processus de coordination et s'avèrent déterminantes de l'incitation à investir dès lors qu'elles permettent à l'entreprise de maîtriser le profil temporel de la production et de tabler sur la fiabilité des anticipations à long terme.

Ces restrictions affectent la nature de la technologie mise en œuvre, ou plus exactement l'usage qui est fait des connaissances scientifiques et technologiques disponibles dès lors que ce sont elles qui déterminent l'horizon décisionnel des entreprises. La création de technologie n'est pas une condition préalable du processus d'innovation. Elle en est le résultat, un résultat commandé par les conditions organisationnelles et institutionnelles qui structurent ce processus.

Les processus de production

Contrairement à l'image qui en est généralement donnée, la production n'est pas réductible à une relation technique entre des quantités données de facteurs et de produits. Elle doit être vue comme un processus qui prend du *temps* et mobilise des ressources utilisées à des moments différents, en quantités différentes et pendant des durées différentes. Les unes sont ce que l'on appelle des consommations intermédiaires (énergie, matériaux) et sont absorbées (détruites) dans chaque processus élémentaire de production (la production d'une unité de bien particulier). Les autres sont utilisées et rendent les mêmes services dans plusieurs processus de production successifs : ce sont les équipements et les ressources humaines. De ce fait, l'efficacité de la production n'est pas d'ordre uniquement technique. Elle dépend du mode d'organisation choisi (Georgescu-Roegen, 1971, p. 211-275).

Avec une organisation artisanale signifiant qu'un processus de production élémentaire n'est engagé qu'une fois le précédent achevé, les équipements ou les ressources humaines spécifiques de l'une ou l'autre étape de ce processus ne sont utilisés qu'une faible fraction du temps. Le faible taux d'utilisation (ou le fort taux d'oisiveté) de ces facteurs de production, que Georgescu-Roegen (1971) désigne comme des fonds de services, est source d'inefficacité. Il constitue un problème économique majeur en compromettant jusqu'à l'opportunité de leur usage. Ce problème est, en grande partie, résolu avec la mise en place d'une organisation industrielle de la production signifiant que la même machine et le même travailleur, une fois achevée la tâche qui leur est assignée pour un processus élémentaire donné, la répliquent *immédiatement* dans le processus de production élémentaire suivant. À la dimension diachronique de la production vient se superposer une dimension synchronique : tous les stades d'une production donnée, quoique relevant de lignes différentes, sont réalisés simultanément une fois l'organisation industrielle constituée. Il en résulte l'obtention de gains substantiels de productivité liés à l'organisation avant de l'être à la technologie, du fait de l'augmentation substantielle du taux d'utilisation des facteurs de fonds.

Il y a à cela une contrepartie : le volume de production réalisé augmente fortement. Il y a à cela une condition, dont rien ne permet de dire qu'elle est automatiquement remplie : la demande doit être suffisamment large. D'un point de vue global, il peut s'agir aussi bien d'une demande basée sur la conquête de marchés à l'exportation que d'une demande interne alimentée par des salaires indicés sur les gains de productivité. Un contenu analytique précis est ainsi donné à la proposition de Smith (1776) suivant laquelle la division du travail interagit avec l'extension des marchés.

Le mode d'organisation de type industriel assure, certes, une efficacité maximale dans l'usage des ressources existantes en permettant de s'abstraire concrètement de la durée des processus de production, autrement dit de la *contrainte de temps*, mais il crée aussi les incitations à faire usage de ces facteurs que sont les fonds de service et suscite, en permanence, la recherche de nouvelles opportunités technologiques et de marché, en clair des innovations qui remettent systématiquement en cause l'état de choses existant, faisant resurgir la *contrainte de temps*.

Dans les faits, en dehors des régimes réguliers qui constituent des solutions imaginaires, les coûts sont dissociés des revenus, leurs profils temporels ne sont jamais définitivement synchronisés. Les distorsions qui en résultent se répercutent au cours du temps de telle sorte qu'aucune grandeur économique n'est indépendante de la façon dont s'articulent division du travail et extension des marchés étape après étape.

La raison en est que, fondamentalement, les marchandises ne sont pas produites par des marchandises. Elles le sont par des processus. Aucune adaptation instantanée, qui procéderait d'une substitution de facteurs, n'est ici possible dans la mesure où nombre de fonds de services (équipements ou ressources humaines) sont spécifiques des processus de production dans lesquels ils sont engagés et doivent être construits avant de pouvoir être utilisés. Si substitution il y a, c'est entre processus. Cette substitution *prend du temps*, exige de disposer en *temps voulu* des moyens pour la mettre en œuvre, en l'occurrence de moyens financiers et humains.

Ainsi, la relation, qui structure fondamentalement le développement de l'économie comme celui de l'entreprise, désigne non pas une technologie préconçue, mais une capacité de production composée d'une population de processus de production, appartenant à différentes technologies, de différents âges (des usines pourrait-on dire), les uns en cours de construction, les autres en cours d'utilisation, population dont la démographie change au cours du temps sous l'effet des ruptures successives initiées par les entreprises (Hicks, 1973). Une *structure par âges* de la capacité de production (une démographie) équilibrée, impliquant qu'il y ait cohérence entre construction et utilisation de capacité, entre dépenses d'investissement et dépenses de consommation, est la condition nécessaire d'une croissance régulière. Or la nouveauté (l'innovation) est génératrice de ruptures de l'équilibre de cette structure *temporelle* de la capacité productive dont les déformations se propagent d'elles-mêmes. De nouveaux processus de production doivent se substituer aux anciens. Ils doivent être construits avant de pouvoir être utilisés. Alors que, dans un modèle canonique de croissance à la Solow, dès que le taux d'épargne augmente, le niveau du produit brut augmente (et par suite le niveau de la productivité du travail), ce tour de force est impossible dans les conditions normales du changement technologique. Un accroissement du produit et de la productivité requiert que des processus additionnels soient créés préalablement. Il n'interviendra qu'avec le *temps*, s'il intervient.

Les ressources que l'on qualifiera de productives, celles qui sont affectées à construire et à utiliser des processus de production, sont déterminantes du niveau d'activité : elles sont constitutives du *capital* tel qu'il était défini par les économistes classiques et tel qu'il est toujours reconnu par les hommes d'affaires. Le volume d'emploi ainsi engendré est, éventuellement, insuffisant pour absorber le produit courant, cette surproduction pouvant conduire à réduire, au cours de la période suivante, le taux d'investissement et de nouveau l'emploi. Une *instabilité* s'installe du type de celle implicitement considérée par Keynes. Il peut aussi arriver que l'existence de capacités inutilisées dans de telles circonstances permette, *ultérieurement*, à l'économie de fonctionner au-dessus de son potentiel dès lors qu'une nouvelle demande est formulée. Ce sont là les épisodes de fluctuations essentiellement *endogènes* de l'activité.

La nature des fluctuations

Les fluctuations ou les cycles ont été l'objet de très nombreuses analyses censées en identifier les causes. La controverse, au tournant du XXe siècle, a porté sur la question de savoir si les causes des cycles étaient réelles ou monétaires, les uns incriminant la suraccumulation du capital physique, les autres dénonçant l'injection excessive de crédit bancaire. Sans doute, les analyses les plus pertinentes sont celles établies par Wicksell et Hayek, qui mettent l'accent sur les déformations de la structure productive induites par un écart entre le taux d'intérêt naturel et le taux monétaire, en l'occurrence un excès ou un déficit de la production de biens de production en regard de celle des biens de consommation.

La première synthèse néoclassique s'est éloignée de ce type d'approche en insistant sur l'existence d'un sentier de croissance régulière répondant aux seules forces de l'offre et en faisant des fluctuations un phénomène de courte période impulsé par les forces de la demande. La nouvelle synthèse, quant à elle, met en avant la déformation des fonctions d'utilité intertemporelle en faisant des cycles une réponse *immédiate* et *optimale* des consommateurs aux chocs réels de productivité ou à des chocs nominaux interprétés à tort comme des chocs réels.

Les choses deviennent plus complexes quand il est fait état du processus schumpétérien de destruction créatrice, autrement dit d'innovations impliquant de détruire des équipements et des emplois pour en créer de nouveaux, ce qui, en principe, exige du temps. Il est pourtant une façon d'en détourner le sens. Il suffit de n'en considérer que le résultat et de ne s'interroger que sur la taille effective ou présumée optimale des flux de destruction et de création d'activités ou d'emplois. L'intensité de ces flux seule compte et constitue une donnée technologique et institutionnelle qui caractérise le profil de long terme de l'économie. En particulier, les innovations peuvent se traduire par une hausse du taux de croissance potentiel et du taux de chômage d'équilibre, lequel ne fait que traduire l'augmentation simultanée du nombre de chômeurs en recherche d'emploi et de postes vacants, sachant que les durées de chômage et de vacance de poste restent courtes et n'ont aucune influence sur la trajectoire de long terme.

Ce dont il va être question est bien différent. Il s'agit de l'articulation *au cours du temps* de la construction et de l'utilisation de processus de production variés en termes de caractéristiques techniques, de cibles de marché, de dates de mise en œuvre, impliquant de mettre l'accent dans l'analyse sur la *durée* des différents phénomènes. De cette façon est réintroduite dans l'analyse la *déformation* de la structure productive : en l'occurrence la déformation de sa structure *temporelle* bien davantage que celle de sa dimension *sectorielle*, par définition atemporelle.

Cette déformation est au cœur de l'analyse que Hicks (1973) propose de la période de transition ouverte par le choix d'innover et qui montre que le profil de l'activité et de l'emploi procède de l'évolution du ratio entre construction et utilisation de la capacité productive, soit entre investissement et consommation. Dans tout régime régulier de croissance, ce ratio est, par définition, constant : il est déterminé par la technologie et par le taux de croissance exogène de l'offre de travail. Hors de ce régime, ce ratio varie d'une période à l'autre sous l'effet de chocs successifs et des contraintes suscitées *en chemin*, comme cela est naturel dans une économie soumise de manière récurrente à des innovations de différentes natures dont Schumpeter (1934) nous rappelle qu'elles ont en commun de rompre avec les équilibres existants.

L'introduction d'une nouvelle technologie dans une économie d'échange réel (sans monnaie et assimilée à un troc parfait) en fournit un bon exemple (Hicks, 1973). Imaginons que la nouvelle technologie, quoique supérieure à l'ancienne en termes de productivité en régime permanent, implique une hausse des coûts de construction plus que compensée par la baisse des coûts d'utilisation. Au cours d'une première étape, appelée phase initiale de la transition, le même montant de ressources héritées du passé étant disponible, l'investissement en capacité (le nombre d'usines), divorcé de l'investissement en coût, diminue. Il s'ensuit une distorsion de la *structure par âges* de la capacité, entre construction et utilisation, entre investissement et consommation, avec pour conséquence, au terme de la période initiale, à taux de salaire fixe, une réduction du produit brut et de l'emploi qui répond à la baisse temporaire de la capacité de production en phase d'utilisation. Cette distorsion engendre ce que Ricardo (1821) appelait l'*effet-machine*, en fait un chômage attribuable non aux propriétés de la nouvelle technologie, mais aux *conditions économiques de la transition*, plus précisément au montant des ressources disponibles ici déterminé, à chaque période, par le produit des ventes effectuées au cours de la période précédente. Si l'hypothèse opposée de salaires flexibles est retenue, permettant à l'économie de rester en plein-emploi, la diminution de l'investissement en capacité demeure, le produit brut diminue quand les premiers processus de la nouvelle capacité parviennent en phase d'utilisation, mais le plein-emploi est conservé au prix d'une baisse du taux de salaire, et la productivité du travail diminue. La productivité dont il est question n'est pas la productivité de la technique seulement mesurable en régime régulier de croissance. Elle rend compte, également, des distorsions intervenues dans la structure par âges de la capacité de production. Sa chute n'a rien de paradoxal. Elle témoigne, comme l'effet-machine dans le cas polaire, des difficultés de la transition, du temps nécessaire pour les vaincre, sans qu'il soit nécessaire de faire état de défauts de coordination entre l'offre et la demande sur le marché des biens, sans mention non plus d'éventuels effets sur le choix de technique des variations du taux de salaire. Le chômage sera réabsorbé, et la productivité du travail n'augmentera qu'ultérieurement, quand les processus de la nouvelle technologie arrivés en phase d'utilisation permettront d'obtenir un produit brut global plus élevé en raison de leur productivité intrinsèque plus élevée, c'est-à-dire quand le processus d'innovation sera achevé et réussi, que les nouveaux processus auront été substitués avec succès aux anciens.

Cette analyse peut sembler excessivement réductrice. En fait, elle révèle un élément essentiel d'une réalité forcément plus complexe. Les distorsions mises en exergue existent quelle que soit la nature de la nouvelle technologie. Dans une économie d'échange réel dotée d'un marché des capitaux parfait, l'irruption d'une technologie supérieure impliquant une baisse des coûts de construction et d'utilisation, par définition associée à un taux de profit plus élevé, est le signal d'une hausse du taux d'intérêt naturel, ce qui a pour conséquence de provoquer un déclassement prématuré des processus de production munis de l'ancienne technologie devenus non rentables et, donc, une chute, toujours temporaire, du produit brut et de l'emploi (ou de la productivité). Si, par ailleurs, la nouvelle technologie implique de changer la structure de demande de travail, par exemple en raison d'une demande accrue de travailleurs qualifiés et moindre de travailleurs peu ou pas qualifiés, des goulots d'étranglement apparaissent. Le manque de travailleurs qualifiés, d'un côté, contraint l'investissement en capacité, et cela d'autant plus que les salaires de ces travailleurs augmentent, de l'autre côté, un chômage des travailleurs non qualifiés vient s'ajouter au chômage classique dû à l'effet-machine, que l'on peut aussi désigner comme un chômage d'appariement (Amendola et Gaffard, 1988, 1998, 2006). Cela parce qu'il faut du temps pour que les travailleurs non qualifiés puissent acquérir de nouvelles compétences.

Les fluctuations de l'investissement, du produit et de l'emploi prennent ainsi place dans une économie d'échange réel faisant un usage de toutes les ressources disponibles et ont pour origine une impulsion technologique.

Tout en reconnaissant qu'il revient à Hayek d'avoir découvert que les déformations de la structure temporelle de la production étaient responsables des fluctuations, Hicks s'en démarque en se refusant à les attribuer aux seuls troubles monétaires. Il entend s'affranchir « de l'illusion (commune à de nombreux économistes, même des plus grands économistes) selon laquelle, une fois la monnaie éliminée, tout irait bien [...] qu'en se débarrassant de la monnaie, on se trouve automatiquement en "équilibre" » (Hicks, 1973, p. 133-134). Non pas qu'il nie que des troubles monétaires puissent exister, mais parce qu'il juge les autres troubles plus fondamentaux.

Faut-il, pour autant, classer Hicks parmi ceux qui attribuent les cycles à des causes réelles en opposition avec ceux qui les attribuent à des causes monétaires ? Cette dichotomie est, une fois de plus, trompeuse. Pour s'en convaincre, il suffit de confronter la position de Hicks à celle de Hayek. Celui-ci incrimine l'excès de crédit bancaire dont l'effet est d'introduire un désalignement entre les plans d'investissement et les plans de consommation, et une déformation de la structure *sectorielle* ou horizontale de la production. Les facteurs de production, *de facto* homogènes, sont redistribués de la production de biens de consommation vers celle de biens de production par suite d'une épargne forcée, avant de faire le chemin inverse sous la contrainte de préférences inchangées des consommateurs. Il y a bien une cause monétaire aux fluctuations, mais l'économie réelle finit toujours par l'emporter. À long terme, la monnaie (le crédit) reste un voile. Le réajustement est horizontal (la redistribution entre les secteurs), réversible et donc *atemporel* car sans influence sur le résultat commandé par l'état *donné* des préférences.

Chez Hicks, la déformation *temporelle* et non plus sectorielle résulte des variations du montant des ressources (du capital) disponibles pour investir d'une période à la suivante. Dans une économie non monétaire (de troc parfait), les ressources en question sont, certes, réelles puisqu'il s'agit de la fraction du produit dévolue à la mise en œuvre des processus de production, mais le défaut porteur de fluctuations est un défaut de *composition temporelle* de la structure productive, indépendant, comme nous venons de le voir, de la nature de la technologie. En fait, que les ressources soient réelles ou monétaires ne change rien à cette réalité. Introduire la monnaie, comme nous le verrons (chapitre 5), n'est pas ajouter un trouble à un autre. C'est abandonner l'hypothèse d'une économie dans laquelle l'offre est toujours égale à la demande et s'enquérir de la façon dont la monnaie remplit sa fonction de coordination intertemporelle plutôt que de n'être qu'une source de troubles.

Les processus de marché

Si l'on conjugue l'irréversibilité des décisions d'investissement avec l'incertitude quant à l'information de marché, la question se pose de la *coordination intertemporelle*, coordination dans laquelle le marché a naturellement un rôle éminent. Les ajustements de la structure de production procèdent de la détention de ressources, soit de contraintes objectives *héritées*. Ils reflètent, également, des comportements de marché relevant de choix essentiellement *subjectifs* en situation d'incertitude.

La concurrence, entre contraintes objectives et choix subjectifs, détermine la manière dont l'information pertinente est construite et rendue disponible étape après étape, de sorte que les ajustements requis de la capacité productive puissent prendre place. Cette concurrence entre entreprises, imparfaitement informées et incertaines quant à ce qui arrivera dans un futur plus ou moins éloigné, est faite de rivalités, d'essais et d'erreurs. Elle n'a pas simplement pour objet d'égaliser l'offre et la demande sur un marché à un moment donné et dans un environnement technologique donné. Elle est, principalement, l'instrument d'une adaptation de la structure industrielle et de la technologie aux nouvelles opportunités créées par les marchés en expansion.

Cette adaptation à des conditions nouvelles ne peut pas être analysée en se référant à l'existence d'un équilibre de longue période qui, dans un monde en perpétuelle évolution, n'est jamais atteint. D'autant qu'elle s'inscrit dans un contexte où des décisions irréversibles sont prises, qui sont constitutives de contraintes jamais complètement prévisibles. La difficulté tient à ce que l'entreprise doit tirer le meilleur parti possible du capital physique et humain dont elle hérite au lieu de pouvoir disposer d'un *temps illimité* pour s'ajuster à des *conditions constantes* (Hayek, 1948, p. 102).

Le défaut de la théorie de la concurrence parfaite, qui reste la cible à approcher grâce aux réformes visant à rendre les marchés plus flexibles pour répondre à la nécessité d'innover, est de réduire la concurrence au statut d'état et d'ignorer qu'elle est un processus. La convergence à laquelle cette théorie se réfère n'est autre que l'adaptation *logiquement instantanée* à des données *objectives* inchangées que sont les préférences et les technologies. Que ces données existent relève d'un constat *ex post*. Or les données pertinentes sont les données *subjectives* sur la base desquelles les agents arrêtent leurs décisions, dont l'expérience peut démentir la pertinence. Implicitement, technologies et préférences sont le résultat, toujours transitoire, des essais et erreurs propres au processus de concurrence et non une condition préalable de son développement. Il n'y a pas de données objectives, seulement des données *construites progressivement* répondant à la *subjectivité* des agents (Hayek, 1937).

L'avantage présumé du processus de concurrence est de prévenir l'enchaînement *cumulatif* des déséquilibres grâce à des ajustements de marché *lents et graduels*, « normalement » retenus par les entreprises. Ce qui ne signifie pas que la concurrence est faible, mais révèle la nécessité pour ces entreprises de disposer du temps nécessaire pour faire face à la discontinuité des changements et de déterminer les bonnes solutions (Hayek, 1948, p. 103).

Il y a plus. Comme nous allons le montrer, le marché ne fonctionne bien, la concurrence n'est efficace que si les entreprises sont soumises à des restrictions ou à des contraintes qui les empêchent de procéder à des ajustements brutaux et rapides, qui les conduisent à ne pas faire varier trop vite leurs capacités, ni leurs prix qui restent ancrés sur des prix d'offre jugés normaux. Ces restrictions ou contraintes peuvent être soit naturelles ou spontanées, soit artificielles et créées délibérément. Ce sont elles qui commandent l'incitation à investir.

Pour le comprendre, il faut se rapporter à ce à quoi les entreprises sont confrontées. Si l'on suit l'analyse développée par Marshall (1890), qui échappe à la vision téléologique propre à la théorie de l'équilibre général des marchés, les hommes d'affaires utilisent leurs connaissances du marché pour *expérimenter* produits et processus, non pas en réponse à la demande courante, mais *en anticipant la demande future*, prenant ainsi en considération la *durée incompressible* des processus de production et de transaction. Ils n'effectuent pas de choix à partir d'un ensemble donné d'opportunités, mais réagissent aux déséquilibres de marché suivant une démarche *adaptative* : ils apprennent sur le marché par *essais et erreurs* en jouant séparément sur des prix et des quantités plus ou moins flexibles au risque d'engendrer des mouvements erratiques.

Un tel comportement ne prend tout son sens qu'en raison de la *durée de gestation* des investissements et de leur *irréversibilité*. Si un nouveau produit doit être supérieur à l'ancien dans tout ou partie de ses différentes dimensions, le remplacement n'est pas immédiat. La création de ce produit (de la capacité de le produire) prend du temps, ses propriétés ne se manifestent que progressivement, du côté de l'offre comme de celui de la demande à raison des dépenses de R&D et de marketing effectuées. En outre, les investissements requis, tangibles comme intangibles, sont, le plus souvent, irréversibles, ce qui signifie qu'ils ne peuvent pas être affectés à d'autres usages qu'à celui pour lequel ils ont été prévus. C'est particulièrement vrai des investissements intangibles en R&D et en capital humain qui donnent lieu à paiements de salaires, c'est-à-dire à des dépenses clairement non recouvrables autrement que par la vente future des produits, pourvu que celle-ci reste d'actualité.

Cette propriété d'irréversibilité des décisions d'investissement pose problème dès lors que l'information de marché n'est pas immédiatement disponible. L'entreprise doit alors affronter l'existence de *deux délais* : le délai de gestation de l'investissement et le délai d'acquisition de l'information de marché. Cette information de marché concerne « les activités projetées par les autres dans le système – tels que les clients, les concurrents ou les fournisseurs – qui influencent, directement ou indirectement, la profitabilité de l'investissement » (Richardson, 1960, p. 29). Fondamentalement, « les entrepreneurs doivent anticiper non seulement les demandes qui n'ont pas encore été formulées, mais aussi les décisions que prennent d'autres entrepreneurs, car couvrir les coûts en personnel et en capital afin de créer un marché pour produire et vendre une gamme donnée de produits ne sera rentable que si cette gamme est compatible avec les normes, techniques et stratégies développées par d'autres » (Howitt, 1994, p. 770).

La difficulté d'acquérir cette information de marché explique pourquoi Keynes considérait qu'« il serait insensé, en formant nos anticipations, d'accorder un poids important à des choses très incertaines » (Keynes, 1936, p. 148). Comment se fait-il, alors, que les entreprises soient susceptibles d'investir à long terme en se basant sur des anticipations suffisamment crédibles ? Répondre à cette question exige de mieux cerner la réalité de l'incitation à investir, ce qui suppose de comprendre en quoi l'incertitude modifie les conditions de coordination et ce que sont les déterminants de la confiance des entrepreneurs dans les initiatives qu'ils prennent.

L'absence relative d'informations sur le comportement des concurrents sur le marché augmente le degré d'incertitude ainsi que les risques que l'entrepreneur interprète mal les signaux, même en l'absence d'aversion pour le risque. On doit, alors, s'attendre à ce que la réactivité des prix aux écarts entre offre et demande soit moindre que si ce même entrepreneur disposait de davantage d'informations. Une aversion pour le risque ne ferait, en outre, qu'augmenter la réticence de l'entrepreneur à s'engager dans des changements de prix (Arrow, 1959, p. 48).

En situation d'incertitude radicale, les prix courants, qui répondraient aux déséquilibres de marché, ne nous disent rien des prix futurs. Il devient, alors, *rationnel* pour les entreprises de maintenir une certaine *viscosité* des prix courants dans l'attente d'une information de marché fiable, sinon même pour l'acquérir. La recherche d'un ancrage nominal l'emporte sur la fonction de coordination par les prix devenue inopérante.

La *séquence* des ajustements successifs, *hors de l'équilibre*, se substitue à l'établissement d'un système de prix intertemporel.

Le système de prix étant défaillant, le culte du marché, pas plus que celui de l'État, ne saurait prévaloir. L'action collective devient nécessaire pour autant qu'elle étend le domaine de la rationalité individuelle, qu'elle constitue le moyen par lequel les individus parviennent à pleinement réaliser leurs valeurs individuelles (Arrow, 1974). « Loin d'obéir à de pures motivations économiques, des relations économiques continues finissent souvent par être subordonnées à un environnement social qui porte à être fortement confiant dans le futur et à s'abstenir de comportements opportunistes » (Granovetter, 1985, p. 490).

Cette action collective n'est autre que celle conduite par l'entreprise définie comme un ensemble de relations contractuelles à caractère organisationnel qui ont pour but de faire face aux différentes facettes de l'incertitude.

Les procédures requises concernent l'organisation interne de chaque entreprise qui intègre un plus ou moins grand nombre d'activités et de fonctions. Elles concernent aussi les relations des entreprises entre elles, jamais réductibles à de pures relations de marché. C'est un fait que les innovations sont le résultat de nouvelles formes de coordination entre entreprises, entre entreprises et institutions plutôt que celui de l'action individuelle d'entreprises isolées les unes des autres, conçues comme des îlots dans le vaste océan des marchés (Metcalfe, 1998).

La construction et l'utilisation d'une capacité productive permettant de tirer parti de nouvelles technologies requièrent de comprendre comment les entreprises innovatrices acquièrent, accumulent et développent une connaissance autre que scientifique et technique, à savoir une connaissance sur les caractéristiques des clients, des fournisseurs et des concurrents, qui dépend d'arrangements institutionnels et organisationnels évoluant en même temps que se développe l'agenda des innovations.

La meilleure façon d'obtenir l'information pertinente et de se coordonner *dans le temps* relève de collaborations ou d'ententes entre les entreprises, de conventions qui structurent les comportements présents et à venir dont le but est de sécuriser les investissements de chacun tout en évitant de porter atteinte au principe de concurrence. Richardson (1960) les appelle des *connexions de marché* plutôt que des imperfections de marché. Elles vont de la pratique de prix stables à la mise en œuvre de différents types de contrats avec les concurrents comme avec les clients ou les fournisseurs. Ainsi prennent place des accords de coopération en R&D et sont créées des filiales communes dont l'objet est de maîtriser des innovations majeures qui demandent du temps pour aboutir.

L'incitation à investir est subordonnée à l'existence de ces connexions, c'est-à-dire à une forme spécifique de *coordination intertemporelle* qui accroît la *fiabilité* des anticipations à long terme en faisant en sorte qu'elles soient partagées entre les différentes parties prenantes du processus de marché. La disponibilité ou, plus exactement, la *création* de l'information de marché pertinente dépend de l'existence de ces connexions qui sont autant de restrictions ou contraintes, naturelles ou contractuelles, sur l'investissement qui réduisent la liberté d'action des entreprises en même temps qu'elles rendent crédible pour elles d'innover.

Le but n'est pas d'acquérir une information à propos de la configuration d'un marché existant. Il est, pour les protagonistes du processus de marché, de *construire ensemble un nouveau marché* en même temps qu'ils *créent ensemble une nouvelle technologie*. Non seulement technologies et préférences ne sont pas données à l'avance, mais elles sont construites pas à pas comme conséquence des arrangements contractuels qui créent les incitations nécessaires.

L'entreprise acquiert, ainsi, sa véritable dimension. Elle est un lieu de *coalition politique* entre des parties prenantes (managers, salariés, banquiers, clients, fournisseurs) aux intérêts distincts, mais compatibles entre eux. Cette coalition est constitutive d'un environnement qui donne sa valeur à l'entreprise (March, 1890). La capacité entrepreneuriale, loin de relever de la seule intuition de l'inventeur, devient une capacité d'organisation. Cette organisation aide à créer les connaissances nécessaires, en fait à mieux maîtriser un environnement technologique et de marché en mutation permanente (Marshall, 1890 ; Metcalfe, 1998). Elle fait usage de ressources humaines, généralement en excès par rapport aux besoins immédiats de la production, dont la spécificité tient à leur relative *immobilité* nécessaire à l'apprentissage.

Le long terme n'est plus une donnée. Il est une construction rendue possible grâce à des connexions de marché, ces engagements, dont nous verrons (chapitre 5) qu'ils ont une dimension financière. Ils ont pour vertu de rendre les anticipations fiables, homogènes entre les acteurs, sinon même rationnelles. Non pas que les entreprises connaissent le modèle de fonctionnement de toute l'économie comme le postule la macroéconomie contemporaine, mais plus simplement parce que leurs anticipations sont dépendantes d'une information partagée sur le déroulement du processus de marché, fondée sur des arrangements qui rendent crédible qu'elles puissent être vérifiées à long terme. Les incitations sont subordonnées aux conditions de coordination intertemporelle au lieu de la déterminer *ex ante* sur un bon ou un mauvais équilibre.

Dire que le long terme n'est plus une donnée signifie que c'est à l'entreprise de définir l'horizon, court ou long, de ses décisions. Son choix dépend du contexte institutionnel. Il peut, évidemment, arriver qu'en raison de ce contexte l'entreprise soit amenée à privilégier les performances immédiates au détriment d'un engagement plus long. Elle choisira, en conséquence, l'usage qu'elle fera des connaissances technologiques, décidera sans doute de disposer d'actifs facilement et rapidement redéployables, privilégiera la fluidité (la précarité) des emplois et utilisera différemment les connaissances scientifiques et techniques disponibles.

La création de technologie

Suivant la théorie néoclassique, le choix des techniques et plus largement le choix d'innover sont fondés sur une représentation purement technique de la production. La fonction de production désigne un annuaire de techniques efficaces entre lesquelles le producteur effectue un choix sur la base des prix fixés sur les marchés de biens et de facteurs de production. Cette frontière d'efficience se déplace dans le temps, celui d'une horloge mécanique, sous l'effet d'un progrès ramené à l'avancée des seules connaissances scientifiques et techniques.

Les ressources productives ont, en théorie, un caractère générique. Elles existent et sont définies indépendamment des processus de production dans lesquels elles sont engagées, et indépendamment des techniques retenues. Elles sont, de ce fait, *librement mobilisables* pour différents usages, dans différentes combinaisons. Les seuls véritables obstacles à leur transfert d'une activité à une autre ou d'une technique à une autre sont une insuffisante *flexibilité* de leurs prix et l'existence de réglementations freinant leur mobilité, c'est-à-dire des obstacles à ce qui est considéré comme le libre jeu de la concurrence, une concurrence assimilée à un état, celui de la concurrence parfaite.

L'analyse évolutionnaire procède de deux objections formulées à l'encontre de cette analyse : la technologie n'est pas pleinement constituée dès sa première apparition ; son développement ne prend pas place *in vitro*, mais dans un environnement spécifique qui contribue à la façonner. Cela implique d'abandonner la représentation néoclassique de la technologie comme un ensemble donné de choix techniques dont le résultat de chacun est connu à l'avance et celle de ses changements comme une expansion mécanique de cet ensemble qui procéderait spontanément d'une activité de R&D.

La théorie classique considérait déjà la dimension évolutionnaire du processus économique. Smith (1776), notamment, faisait de la technologie le produit de l'interaction entre la division du travail et l'extension des marchés. Schumpeter (1934), de son côté, soulignait la nature intrinsèquement incertaine de l'activité d'innovation menée par des entrepreneurs qui n'ont pas la même connaissance de la distribution de probabilité des résultats d'une activité au demeurant dépendante des conditions d'accès au crédit bancaire. Knight (1921) développait l'idée qu'en présence de nouveautés majeures il n'est pas possible de calculer le meilleur choix à faire, car seuls les événements à venir révéleront ce qui est approprié ou ne l'est pas.

Suivant cette dernière interprétation, l'innovation n'est plus vue comme l'absorption, plus ou moins rapide, d'une technologie donnée, mais comme le processus à travers lequel la technologie est développée, étape par étape, à partir d'une impulsion initiale, comme réponse particulière à des problèmes donnés dans un environnement spécifique à travers lequel la structure productive de l'économie acquiert, *progressivement*, ses nouvelles caractéristiques. Ce processus est essentiellement *séquentiel*, impliquant qu'à chaque étape différentes décisions peuvent être prises, et différents chemins peuvent être empruntés. Ce qui ne signifie pas que n'importe quel sentier est faisable dès lors que des contraintes se sont fait jour le long d'un sentier particulier.

L'apparition de nouvelles connaissances scientifiques et techniques entraîne la rupture de la structure industrielle existante et une modification des conditions de marché, suivies d'une recomposition graduelle reflétant les raretés rencontrées, les changements des conditions de coût, de profitabilité, de prix relatifs, les modifications du système de préférences des consommateurs. Les propriétés de la technologie procèdent des conditions de *coordination* qui répondent à des données objectives mais aussi *subjectives*, notamment parce que les entreprises choisissent leurs investissements sur la base de leur perception du futur guidée par le contexte institutionnel.

Le processus d'innovation ainsi conçu est nécessairement caractérisé par des effets cumulatifs. Il repose sur des compétences et des qualifications propres aux entreprises, aux secteurs et aux systèmes économiques concernés. La technologie apparaît comme le résultat des conditions de déroulement du processus d'innovation et non plus comme une condition préalable de son développement.

Un cheminement technologique, singulièrement intéressant d'un point de vue de l'histoire économique, est celui que détermine le degré d'inégalité de la répartition des revenus et des richesses. Ce dernier affecte, *via* son effet sur la structure de la demande, le type de technologie finalement dominant et, par suite, le taux de croissance. Voyons comment. Les préférences n'étant pas homothétiques, lorsque les revenus augmentent, les consommateurs demandent une gamme plus large de biens plutôt qu'une plus grande quantité du même bien. Dès lors, un accroissement des inégalités induit un accroissement du nombre de biens demandés au détriment de l'accroissement du volume de la demande de chaque bien, interdisant ainsi l'accès aux technologies à rendements croissants. Les plus riches demandent, en petites quantités, des biens de luxe produits dans des conditions artisanales (sans économies d'échelle) et sont disposés à payer des prix élevés. Au contraire, une réduction des inégalités et la constitution d'une importante classe moyenne salariée ont pour effet que de nombreux consommateurs demandent les mêmes types de biens qui peuvent alors être produits en faisant usage de technologies à rendements croissants. Ce sont les conditions de marché associées aux conditions de production qui déterminent, *in fine*, la technologie développée.

CHAPITRE 5

La quête d'un capital patient

La question monétaire est au cœur de l'analyse économique, non sans une réelle ambiguïté. L'inclination la plus fréquente a été de séparer l'économie dite d'échange réel de l'économie monétaire, soit en faisant de la monnaie un simple voile dont l'existence ne change rien aux quantités produites (et consommées) et aux prix relatifs, soit en faisant de la monnaie une cause, sinon la cause unique, des perturbations auxquelles est soumise l'économie réelle impliquant en réponse d'en imposer la neutralité.

Keynes remet en cause cette dichotomie et considère qu'il n'existe pas de variables réelles mais seulement des variables « monétisées » dont le profil est intrinsèquement lié aux conditions monétaires et financières prévalant dans l'économie. Monnaie et finance présentent deux faces opposées quoique indissociables. D'un côté, ce sont des institutions nécessaires au bon fonctionnement de l'économie en aidant à la coordination intertemporelle sur les marchés de biens et du travail, de l'autre, ce sont aussi des institutions à l'origine de fortes perturbations mettant en péril la viabilité de l'économie, en rendant possible la spéculation sur les marchés d'actifs ou, tout simplement, en imposant aux entreprises un raccourcissement de leur horizon prévisionnel. En toute hypothèse, leur action s'inscrit *dans le temps*, le temps court (celui de la spéculation) comme le temps long (celui de l'investissement productif).

Il ne peut y avoir d'économie de marché sans que soient créés les instruments monétaires et financiers qui permettent de faciliter les échanges et singulièrement les échanges intertemporels. Il ne peut non plus y avoir d'économie de production, dont on vient de voir qu'elle s'inscrivait dans un temps irréversible, sans que soient résolues les contraintes de liquidité qui surgissent immanquablement, étape après étape, du fait de la non-synchronisation des coûts et des revenus.

Une exigence se fait, alors, jour aussi bien au niveau de l'entreprise qu'à celui de l'économie globale : celle de pouvoir disposer d'un capital patient. Elle commande le mode de gouvernance des entreprises, c'est-à-dire le lien qui unit détenteurs de capitaux et managers exécutifs, et, plus généralement, les différentes parties prenantes entre elles (les *stakeholders*). Elle commande, également, le régime monétaire qui caractérise les relations entre les anticipations des entreprises et des ménages et l'architecture monétaire et financière.

Monnaie et marché

Les transactions ne sont pas simultanées, ni ne se font au comptant. Les paiements ont la caractéristique d'échanges de dettes de qualités diverses qui doivent être garanties. Dès lors, il est clair que « la monnaie est un outil qui facilite le fonctionnement des marchés » ou encore que « le marché sécrète sa propre monnaie » (Hicks, 1989, p. 46). Le système monétaire existe pour permettre à chacun de faire face à l'incertitude et pour rendre compatibles des attitudes différentes vis-à-vis de cette même incertitude. Sa principale fonction est de garantir la fiabilité des relations d'échange. De là l'exigence de stabilité. La vraie raison pour laquelle l'inflation est dommageable, c'est qu'elle entraîne une détérioration des arrangements contractuels sur les différents marchés, notamment le marché du travail (Hicks, 1974, p. 79).

La dimension monétaire de l'échange s'inscrit dans les ajustements de prix et de salaires *nominaux* plus ou moins rapides, plus ou moins brutaux en réponse aux déséquilibres de marché. Prix et salaires dévient, en permanence, de leurs valeurs d'équilibre sans que cela reflète une illusion monétaire ou des comportements irrationnels. De fait, une propriété essentielle d'une économie monétaire est sa propension à permettre la négociation à des prix qui ne soldent pas le marché, de faux prix, comme on les appelle habituellement (Tobin, 1995).

Encore faut-il savoir ce qui est préférable de la flexibilité ou de la viscosité de ces prix (et salaires). Si les prix étaient parfaitement flexibles et assuraient instantanément un équilibre entre offre et demande de biens comme le veut la théorie de la concurrence parfaite, la monnaie serait neutre, les intermédiaires financiers n'auraient aucun rôle à jouer autre que celui de révélateur de l'état réel des technologies et des préférences en fixant les taux d'intérêt à leur niveau « réel » ou naturel. Mais, hors de cette situation imaginaire, une forte flexibilité pourrait aller à l'encontre de la convergence requise, rendre les déséquilibres *erratiques* et *cumulatifs* pour la raison simple que les variations de prix ne vont pas nécessairement dans la bonne direction. Si l'on se rapporte à Marshall (1890), une relative rigidité est ce qui permet au consommateur d'opérer. Plutôt que de devoir sans cesse renouveler ses choix entre tous les biens et révéler ses préférences, il décide généralement de comparer l'utilité du bien à acheter à l'utilité marginale de la monnaie qu'il doit avoir pour le payer. Ce qui n'est possible qu'à la condition que les prix soient relativement stables.

L'expérience de la déflation est l'illustration convenue de la nécessité d'avoir des prix rigides. La chute des prix face aux excédents d'offre s'accompagne d'une hausse du poids des dettes, entraînant la désarticulation du système monétaire et financier devenu incapable de garantir la coordination intertemporelle.

L'expérience des situations de forte inflation, telles qu'en ont connu les pays d'Amérique latine dans les années 1960, et les pays d'Europe orientale et la Russie dans les années 1990, est non moins révélatrice. En l'absence d'un système bancaire et financier stable, la volatilité des mouvements de capitaux et par suite celle des incitations à investir sont génératrices de fortes variations des prix qui préviennent tout calcul économique d'être fiable et entraînent un recul des investissements à long terme ne pouvant qu'aggraver les tensions (Georgescu-Roegen, 1968 ; Heyman et Leijonhufvud 1995).

En fait, l'inflation peut difficilement être considérée comme un phénomène purement monétaire dans le sens où elle serait le fruit des seules déviances de comportement de la banque centrale faisant droit aux inconséquences budgétaires du gouvernement. Elle est, plus certainement, le résultat de dysfonctionnements des mécanismes de marché, se traduisant par une excessive flexibilité des prix validée par une création monétaire incontrôlée. Elle n'est pas une perturbation *ponctuelle* d'un état d'équilibre de long terme. Elle est l'issue de *mécanismes cumulatifs* qui tiennent aux effets produits par les déséquilibres successifs enregistrés sur les marchés de biens et du travail.

Face aux tensions inflationnistes, un dilemme semble exister. D'un côté, le gouvernement doit mettre en œuvre une politique monétaire restrictive, mais avec pour effet de provoquer une crise du crédit, une chute du revenu et une hausse du chômage. D'un autre côté, une chute trop forte du niveau d'activité peut le conduire à relâcher la pression sans garantie du résultat. S'en tenir là serait ignorer d'où vient cette inflation et quelle est la nature de la difficulté rencontrée. Si cette inflation procède des déséquilibres de marché entre offre et demande, ce dilemme n'existe pas car ce dont il est question, c'est de corriger ces déséquilibres. La difficulté est que cette correction ne se résume pas à une réaffectation des ressources existantes. « La raison simple en est que les ressources, une fois cristallisées en capacités physiques, ne peuvent pas être déplacées d'un secteur à l'autre avec la même facilité instantanée avec laquelle nous sommes habitués à déplacer la pointe du crayon d'une position d'"équilibre" à une autre dans nos discussions analytiques » (Georgescu-Roegen, 1968, p. 184).

Aussi la politique monétaire doit-elle s'inscrire dans le déroulement des processus de marché tels qu'ils ont été analysés plus haut (chapitre 4). Les marchés de biens sont des marchés à prix fixes dans le sens où les prix changent d'une période à la suivante en réaction aux déséquilibres de marché. Une certaine viscosité est le plus souvent observée. La raison en est que les déséquilibres de marché ne communiquent pas nécessairement les bons signaux au bon moment, qu'il y a un coût à des variations inappropriées des prix, un coût d'autant plus dommageable que ces variations sont plus fortes et qu'il est, de ce fait, préférable d'attendre de disposer de plus d'information avant d'engager des changements de prix qui vont affecter la séquence des revenus, des coûts et des investissements. Les rigidités ou viscosités nominales, loin de constituer l'origine des déséquilibres, comme le voudrait la doctrine dominante, sont un moyen d'en détecter la nature et le caractère plus ou moins durable. Ce qui reste possible tant que le déroulement des processus de production n'occasionne pas d'écarts importants entre les quantités offertes et demandées.

Aussi peut-on considérer que les entreprises, qui fixent les prix (et les salaires), essaient rationnellement, autant qu'il leur est possible, de ne pas les faire varier trop vite ou trop brutalement. À cette fin, il est utile qu'elles puissent être dans les conditions où l'ampleur des déséquilibres à venir est limitée, ce à quoi doit contribuer le système monétaire et financier. Les intermédiaires financiers, inutiles si l'économie est en état d'équilibre général intertemporel à la Arrow-Debreu, détruits si l'économie subit des variations très fortes de prix, retrouvent leur fonction hors de ces cas extrêmes qui est d'assurer une coordination qui garantit une relative viscosité des prix.

En ce qui concerne la politique monétaire, elle ne devrait pas consister à prévenir systématiquement les fluctuations du niveau général des prix, mais devrait permettre celles requises par les transformations de la capacité de production et réprimer celles qui l'altèrent au-delà du nécessaire. Elle est alors mise en résonance avec les distorsions affectant la structure temporelle de la capacité productive. Cela n'est possible ni en se contentant de permettre à la banque centrale de procéder à des interventions discrétionnaires à caractère conjoncturel, ni, à l'opposé, en lui enjoignant de respecter strictement des règles visant à la neutralité de la monnaie au regard de l'économie réelle quand on sait que, ne parvenant pas à établir son taux d'intérêt au niveau du taux naturel (qu'elle ne peut jamais vraiment connaître), de petites variations de ce taux d'intérêt peuvent se traduire par des fluctuations de grande ampleur des prix des actifs menaçant gravement la stabilité financière et, par suite, le fonctionnement des marchés.

C'est aux intermédiaires financiers entendus au sens large (banques et marchés) qu'il appartient d'être organisés et d'agir pour prévenir des fluctuations trop fortes et erratiques des prix répondant à des déséquilibres de marché non maîtrisés et cumulatifs.

Une double question est ainsi posée à laquelle il va falloir répondre : celle concernant la nature de la liquidité des entreprises qui leur permet de faire face à l'incertitude propre à une économie de production et celle de la liquidité du système bancaire qui est, en quelque sorte, le garant de la première et dépend de l'attitude de la banque centrale, des conditions de renflouement des établissements en situation de défaut et des contraintes prudentielles auxquelles ces derniers sont assujettis.

Liquidité et production

Établir un lien entre liquidité et production repose sur le fait que construire une capacité de production avant de pouvoir l'utiliser et que surgissent des besoins de financement en cours de route dont l'obtention garantit la viabilité du processus engagé.

Comme nous l'avons vu plus haut (chapitre 4), les distorsions qui affectent la structure temporelle de la capacité de production du fait d'un changement technologique suffisent à engendrer des fluctuations du produit dans une économie de troc parfait, sans que l'on doive incriminer la monnaie (Hicks, 1973). L'ajustement requis pour établir un nouvel équilibre prend place en douceur à mesure que les ressources sont libérées et sont affectées aux nouveaux processus de production. Cet équilibre n'est nullement affecté par ce qui se passe à court terme, en l'occurrence par la chute temporaire de l'emploi (ou de la productivité). Des hypothèses appropriées sont formulées qui font que tout produit non investi est consommé, réduisant la transition à un chemin tracé *ex ante* pour lequel les anticipations ne jouent aucun rôle. L'offre de biens est toujours égale à la demande. Aucune place n'est laissée à la possibilité de mécanismes cumulatifs ou explosifs.

Ce n'est plus le cas quand on traite d'un processus de changement dont le point d'arrivée est indéterminé. Les distorsions de la structure temporelle de la production sont toujours présentes, mais, désormais, l'offre n'est plus égale à la demande, et, en relation avec les anticipations, des mécanismes cumulatifs sont possibles. Dans ce contexte, la référence à une économie monétaire devient essentielle (Amendola et Gaffard, 1988, 1998, 2006).

Introduire la monnaie rend possible de distinguer monnaie et biens, liquidité et production et, par suite, de prendre en considération la formation de stocks réels ou financiers détenus involontairement, reflétant les erreurs d'anticipations à l'origine de mécanismes cumulatifs qui peuvent mettre en cause la viabilité des sentiers suivis. Il y a plus que cela. Si la formation involontaire de stocks monétaires et financiers a une responsabilité dans les perturbations de l'activité, la liquidité est essentielle à l'harmonisation entre construction et utilisation de la capacité productive, investissement et consommation, offre et demande au cours du temps. Elle est essentielle à la viabilité des processus de changement qui sont dans la nature d'une économie hors de l'équilibre.

Non seulement l'accès aux liquidités requises à chaque étape de ce processus façonne le profil suivi, ce qu'il advient du produit, du chômage et de l'inflation, mais l'organisation bancaire et financière, constituée d'un réseau dense de chaînes de promesses conditionnelles, fixe le montant des capitaux engagés et la durée de cet engagement, affectant, par là même, la nature et le montant des investissements réalisés ainsi que l'emploi.

Suivant cette perspective, « la liquidité n'est pas la propriété de choix unique ; elle est l'affaire d'une séquence de choix, d'une séquence liée. Elle concerne le passage du connu à l'inconnu – en sachant que, si nous attendons, nous pouvons avoir plus de connaissances » (Hicks, 1974, p. 38).

L'entreprise est ici un acteur majeur. Son objectif, dans un contexte d'information incomplète, est de préserver la gamme la plus large possible de choix futurs compte tenu de l'irréversibilité qui frappe les investissements réels. La liquidité – la détention d'actifs négociables – est le moyen d'y parvenir en lui évitant d'acquérir un actif non négociable (une usine, des équipements) qui l'engagerait pour une période de temps considérablement longue et limiterait la gamme des choix ultérieurs (Hicks, 1974, p. 41-42).

La théorie keynésienne de la liquidité, ici réfutée, décrit un choix de portefeuille entre actifs financiers effectué une fois pour toutes sans considération de la suite des événements, un choix n'impliquant aucun coût significatif d'investissement et de désinvestissement. Ainsi est prononcé un divorce entre la finance et l'économie réelle qui sera résolu soit en postulant l'efficience ou, si l'on préfère, la neutralité des marchés financiers, soit en se focalisant sur la psychologie collective sur ces mêmes marchés au détriment de toute référence à la dimension réelle de l'investissement.

La théorie de la liquidité comme théorie d'un *choix séquentiel* est relative au choix d'un investissement réel à la qualité incertaine dont la réalisation prend du temps. La liquidité se trouve ainsi être intrinsèquement liée à la propriété d'irréversibilité de l'investissement réel au lieu de procéder simplement d'une distribution des risques au sein d'un portefeuille d'actifs monétaires et financiers. À l'incertitude radicale vient s'ajouter, très logiquement, le fait que tous les investissements réels ne se valent pas, une réalité qui échappait à Keynes qui s'en tenait à analyser la situation de court terme et ne se préoccupait de l'investissement courant qu'en tant que demande de biens d'équipement.

Pousser plus loin l'investigation nous conduit à prolonger la réflexion sur la nature de la liquidité assimilée à la propriété de négociabilité des actifs financiers qui se partagent entre actifs d'exploitation, actifs spéculatifs et actifs de réserve (Hicks, 1974, p. 46-50).

Les actifs d'exploitation sont des actifs matériels et immatériels. Ce sont aussi des actifs financiers au premier rang desquels se place la trésorerie. Ils ont cette propriété d'être complémentaires les uns des autres avec pour conséquence que l'ensemble a un rendement qui ne peut être imputé à l'un ou à l'autre pris isolément. Les actifs spéculatifs sont le résultat d'un arbitrage en vue d'obtenir des gains immédiats. Une détention accrue de ce type d'actifs est le signal que prédominent des choix à court terme au détriment de l'investissement productif. Elle est révélatrice du manque de confiance quant à la demande future de biens et services, et introduit une déconnexion entre la valeur des actifs financiers et celle des actifs réels, génératrice de crises. Ce qui est le cas quand les entreprises achètent des titres, éventuellement leurs propres actions, y compris en s'endettant pour tirer parti de taux d'intérêt très bas au lieu de procéder à des investissements productifs comme cela se produit actuellement.

Les actifs de réserve sont, pour une faible part, des actifs physiques et, pour la plus grande part, des actifs financiers constitués de titres ou de lignes ouvertes de crédit auprès des banques. Seuls ces actifs sont mobilisables pour réaliser les investissements en actifs réels au moment opportun et dans le montant voulu. Ils en sont le *complément* nécessaire à chaque étape de leur mise en œuvre. Ainsi, une entreprise sera d'autant plus liquide qu'elle détient une capacité d'emprunt. De son côté, la banque pourra affecter l'investissement bien plus par ce canal, qui relève de la *relation contractuelle* à plus ou moins *long terme*, qu'en faisant varier son taux d'intérêt courant. D'ailleurs, quand cet investissement appartient à une chaîne d'investissements successifs et complémentaires les uns des autres, le coût pour interrompre cette chaîne et pour entraîner la destruction du capital existant est bien trop élevé pour que l'entreprise puisse être sensible aux variations de taux d'intérêt (Hicks, 1989, p. 119).

Il n'y a guère alors de différence entre une économie de crédit (ou économie à découvert) et une économie de marchés financiers (ou économie de fonds propres) car ce qui est déterminant en dernier ressort, c'est la capacité des entreprises de drainer des fonds au moment opportun pour répondre au besoin d'investir, que ce soit par émission d'actions ou par emprunt auprès des banques.

La gouvernance des entreprises

La nature de l'investissement et le besoin de liquidité qui en découle dépendent du type de relation noué entre détenteurs de capitaux (banques et actionnaires) et managers exécutifs des entreprises. Cette assertion contredit le théorème de Modigliani et Miller qui, tout en introduisant le risque dans un modèle de concurrence parfaite (d'équilibre général à la Walras) doté d'un marché des capitaux parfait, entendent dissiper l'« illusion financière » et concluent à l'indépendance de la valeur des entreprises vis-à-vis des conditions de financement de leurs investissements (de la structure du capital). Elle conduit à s'interroger sur le mode de gouvernance des entreprises.

La théorie dominante en cette matière assimile propriété du capital et propriété de l'entreprise, intérêt de l'actionnaire et intérêt de l'entreprise, et prescrit de créer les conditions de contrôle du manager exécutif afin que celui-ci suive les injonctions des actionnaires censés être les seuls motivés à maximiser le profit, autrement dit à tirer pleinement parti de l'état des technologies et des préférences. Ce qui importe, alors, c'est moins la structure du capital que la structure de la propriété signifiant que comptent, pour déterminer la valeur de l'entreprise, non pas tant les montants relatifs de dettes et de capitaux propres que la fraction du capital détenue par les managers. L'accent est mis sur l'existence de coûts de la relation d'agence entre actionnaires et managers (autrement dit sur l'importance du contrôle exercé par les actionnaires sur le manager) et sur la nécessité d'élaborer des contrats qui les réduisent sans considération véritable de ce que peut être l'horizon prévisionnel des managers comme des actionnaires.

Il est, pourtant, un autre enjeu du mode de gouvernance qui est de promouvoir et de préserver l'*engagement* (*commitment*) des détenteurs de capitaux (actionnaires et banques) dans le but de rendre crédibles les investissements à *long terme* et de garantir la stabilité globale de l'économie. Cet engagement n'a de sens que parce que la durée de gestation des investissements est longue. Il fait que l'entreprise n'est vulnérable ni au surgissement de temps difficiles intrinsèquement liés à la nature du processus d'innovation (les coûts surviennent avant les revenus correspondants), ni aux tentations de changement brusque d'orientation. Il est inscrit dans le montant et dans l'étendue des capitaux engagés ainsi que dans la durée de leur détention (Mayer, 2013, p. 145).

Le propre de l'engagement financier ainsi défini est qu'il soutient l'engagement des autres parties prenantes dans l'entreprise que sont les fournisseurs, les clients et les salariés. Ces dernières n'effectueront leurs propres investissements à long terme qu'en ayant cette garantie que leur offrent les détenteurs de capitaux.

En particulier, un emploi « solide » (à durée indéterminée), des grilles de salaires stables et des salaires équitables, qui assurent la continuité de l'engagement des salariés, sont le corollaire de la patience des détenteurs de capitaux, qu'il s'agisse d'actionnaires ou de banques classiques (dites de proximité). Contrairement à ce qui est souvent suggéré par les tenants de la théorie financière moderne, la codétermination des investissements n'opère pas au détriment du profit que seuls chercheraient à maximiser les actionnaires, elle incite à la recherche du profit à *long terme* plutôt qu'à court terme.

Le paradoxe est que l'engagement financier ainsi conçu réduit la liquidité au sens étroit de négociabilité des actifs, restreint, de ce fait, la gamme des options qui pourraient être choisies en cours de route par l'un ou l'autre acteur. Ce paradoxe n'est qu'une apparence. Sans limites ou restrictions de comportements constitutifs de l'engagement, il n'y aurait pas d'engagement, pas de possibilité de faire face à l'irréversibilité et à l'incertitude qui caractérisent les investissements innovants faute de fiabilité des anticipations, pas de capacité d'apprentissage par l'expérience. Elles garantissent à cette *coalition* qu'est l'entreprise de pouvoir *prévoir* et *planifier*. En outre, la fiabilité des engagements ne peut que retentir sur la valeur des actifs dont l'augmentation est synonyme de liquidité accrue des entreprises pouvant plus facilement émettre de nouvelles actions ou emprunter auprès des banques.

La notion de liquidité s'en trouve modifiée. Sa fonction n'est pas de donner au manager du temps pour acquérir une information qui serait étrangère à son action. Elle est de lui permettre d'apprendre en lui offrant l'opportunité d'engager des processus d'innovation dont il a, de par l'engagement des détenteurs de capitaux, la garantie minimale de pouvoir les mener à bien.

Le financement de marché permet, dans son principe, un engagement long, puisque les émissions d'actions souscrites sont constitutives d'un capital permanent. Seul problème évoqué : l'existence d'un actionnariat dispersé et la constitution de la grande entreprise se sont traduites par la séparation entre la propriété et le contrôle donnant lieu à de possibles inefficiences. Le contrôle ayant été transféré des propriétaires-actionnaires aux managers exécutifs, ces derniers sont susceptibles d'agir dans leur propre intérêt plutôt que dans celui des actionnaires. L'argument le plus souvent avancé est que ces managers sont davantage intéressés par le chiffre d'affaires de l'entreprise, sa taille et le nombre des emplois, qui sont autant de signes de leur pouvoir, que par la profitabilité des investissements. Or mettre ainsi l'accent sur le contrôle fait oublier que l'objet de la délégation d'autorité par des actionnaires dispersés aux managers exécutifs est de garantir l'engagement des détenteurs de capitaux auprès des autres parties prenantes de l'entreprise et de favoriser l'innovation (Mayer, 2013, p. 150).

Aussi convient-il de distinguer les actionnaires « de l'extérieur » des actionnaires « de l'intérieur » (Hicks, 1989, p. 88), les premiers ne s'intéressant qu'au dividende à percevoir et au cours de l'action, les seconds s'intéressant à l'avenir de la société et aux dividendes qu'ils espèrent percevoir dans l'avenir, les premiers voulant encaisser un dividende aussi élevé que possible le plus vite possible, alors qu'il est dans l'intérêt des seconds de conserver les profits dans l'entreprise. Ainsi le degré d'engagement dépend-il de la structure de l'actionnariat. Un actionnariat individuel dispersé ou la concentration de la propriété du capital entre les mains d'une famille sont une garantie de stabilité de l'engagement. La détention de volumes d'actions élevés par des fonds d'investissement activistes peut, au contraire, constituer un facteur de volatilité des cours rendant instable la capacité d'engagement. La référence à la valeur de l'action n'est pas en elle-même contestée. Sont en cause les ressorts de la stabilité de cette valeur *au cours du temps*, laquelle dépend du comportement des détenteurs de capitaux suivant qu'ils privilégient les performances immédiates ou futures des entreprises.

Dans ce contexte, la distribution de dividendes ne saurait être considérée comme équivalente à la rétention de profits (Mayer, 2013, p. 171-175). Plus élevés sont les dividendes versés, plus fréquents sont les recours à des émissions d'actions pour financer l'activité, plus les actionnaires détiennent de pouvoir. La crédibilité de l'engagement des actionnaires vis-à-vis des autres parties prenantes dans l'entreprise peut s'en trouver affectée. Elle sera affaiblie si la structure de l'actionnariat change fréquemment avec pour effet de réduire la durée de cet engagement en privilégiant les actionnaires impatients. La pratique du rachat de leurs propres actions par les entreprises, au détriment des dépenses d'investissement, s'inscrit dans cette donne particulière.

La difficulté actuelle est venue de ce que le mode de gouvernance est devenu de moins en moins un mécanisme d'engagement et de plus en plus un outil de contrôle entre les mains des seuls actionnaires. Les règles concernant la gouvernance ont ouvert la voie à l'activisme des plus importants d'entre eux. La réorganisation des institutions financières a mis un terme à la séparation entre banque d'investissement et banque commerciale. Le fonctionnement des marchés d'actions a vu se développer les échanges à haute fréquence. Toutes choses qui ont été à l'encontre de l'objectif d'engagement et ont privilégié la recherche de résultats immédiats. Aussi d'autres règles, dont il sera fait état plus loin (chapitre 8), devraient-elles être retenues dans la perspective de rendre *fiables* les anticipations des entreprises et de sécuriser leurs investissements à long terme. « Tracer de nouvelles limites aux pouvoirs des actionnaires, qui les obligent à tenir compte de la pérennité de l'entreprise à laquelle ils apportent des capitaux, serait de nature à restituer à la capacité d'entreprendre la première place qu'elle n'aurait jamais dû perdre en économie » (Supiot, 2010, p. 112).

Le régime monétaire

Théorie et politique monétaires ne peuvent pas être dissociées de l'analyse des mécanismes de marché. L'interaction entre institutions monétaires et comportements individuels, que l'on désigne sous l'appellation de régime monétaire, prend une forme tout à fait particulière quand on se réfère à la théorie et à la politique « modernes ». Les anticipations rationnelles formulées par les acteurs privés commandent la nature de la politique monétaire désormais assujettie à des règles qui permettent d'éviter des déviations préjudiciables à la réalisation d'un optimum, appelées incohérences temporelles. Tout se passe comme si l'on avait identifié un régime monétaire idéal, évidemment atemporel, auquel se rallier sauf à accepter le désordre. La réalité est qu'il n'existe pas un régime monétaire optimal, mais plusieurs régimes monétaires qui se succèdent dans le temps en réponse à l'enchaînement des déséquilibres et en l'absence d'une cible de long terme que l'on pourrait anticiper rationnellement. Chacun d'entre eux établit une certaine relation entre les anticipations des agents et le comportement des autorités monétaires.

Entre 1945 et 1971, l'histoire monétaire a été dominée par les accords internationaux de Bretton Woods aux termes desquels le contrôle monétaire reposait sur un régime de convertibilité atténuée (le système d'étalon change-or) permettant à la quantité de monnaie d'être rapportée aux besoins cycliques de l'économie. Un mixage entre règle et choix discrétionnaire était implicitement réalisé dans chaque pays. Ce régime a tenu tant que les anticipations de prix sont restées inélastiques, c'est-à-dire tant que la politique monétaire permettait de contenir les déséquilibres de marché en s'adaptant, en séquence, aux besoins de l'économie, produisant une relative viscosité des prix et salaires nominaux. Il a dû être abandonné quand ces conditions n'ont plus été réunies, notamment quand les États-Unis, disposant de la seule monnaie convertible en or, n'ont plus été disciplinés en matière monétaire et budgétaire et ont déclenché une spirale inflationniste en suscitant des excédents de demande sur les marchés de matières premières, de travail et de biens. Les effets des décisions discrétionnaires de politique économique n'ont plus été contrôlés, rendant illusoire l'ancrage nominal. Les institutions monétaires ne garantissaient plus la stabilité des prix.

Le régime monétaire qui s'est alors imposé a été un régime de contrôle de la quantité de monnaie, impliquant, toujours, de moduler celle-ci en fonction des besoins de l'économie en moyens de paiement. Toute latitude a, d'abord, été laissée aux banques centrales qui pouvaient en abuser en répondant aux sollicitations de gouvernements soucieux d'enrayer la montée du chômage. L'incapacité de maîtriser l'inflation a, alors, été à l'origine d'un changement institutionnel radical consistant à imposer aux banques centrales une règle venant se substituer aux choix discrétionnaires. La règle initiale a été celle imaginée par Friedman consistant à fixer un taux de croissance de l'agrégat monétaire de référence en rapport avec le taux de croissance naturel de l'économie. Mais encore fallait-il qu'existe un lien stable entre cet agrégat monétaire et les moyens de paiement effectivement disponibles. Ce qui s'est avéré rapidement improbable, conduisant à adopter une règle de taux d'intérêt.

La conduite de la politique monétaire a affecté les structures financières au détriment de la stabilité. Une nouvelle séquence de l'histoire monétaire a pris place. Les institutions financières ont répondu à la règle monétaire existante en créant de nouvelles pratiques et de nouveaux instruments financiers, rendant l'offre de crédit toujours plus accommodante. Les nouveaux instruments financiers ont permis une diversification des risques sous la forme de titres adossés sur des collatéraux constitués de pools de prêts, éliminant l'avantage détenu par les banques commerciales classiques dites de proximité. Celles-ci ont, alors, dû s'orienter vers des activités de marché quand leur part dans le financement global régressait au bénéfice de financement de marché. Ce qu'a permis l'abandon aux États-Unis du *Glass-Steagall Act* qui imposait, depuis la Grande Dépression, la séparation entre banque commerciale et banque d'investissement.

L'objectif tenu de réduire le taux d'inflation en ciblant le taux d'intérêt n'a, alors, en rien assuré la stabilité financière dès lors que ne s'établissait aucune contrainte sur la croissance du crédit. Des sommes importantes ont été allouées aux États-Unis, durant les années 1990, aux activités d'investissement dans les nouvelles technologies, mais sans doute trop importantes au regard de la demande future de biens, comme ce fut d'ailleurs le cas dans les années 1920 (Eichengreen, 2015). La sophistication des instruments financiers, la titrisation généralisée ont créé des facilités financières qui ont alimenté cet excès d'investissement et la formation de bulles spéculatives. Avec pour résultat une déconnexion entre la politique monétaire et le contrôle des moyens de financement qui ne répondent plus, ni dans un sens ni dans l'autre, aux besoins nés de la réalisation d'investissements productifs.

La crise de 2008 à laquelle ont conduit ces errements monétaires et financiers a changé la donne dès lors que le taux d'intérêt nominal était parvenu à son niveau plancher (égal à zéro). Des mesures, dites non conventionnelles, d'assouplissement quantitatif ont été efficaces pour enrayer le mécanisme cumulatif de crise de la dette. Mais elles sont apparues inopérantes par elles-mêmes à permettre une reprise durable de l'activité. La seule inflation observée a été celle du prix des actifs.

Il y a plusieurs explications à cela liées les unes aux autres. La première est que les entreprises, compte tenu de l'état de leurs bilans, préfèrent continuer à se désendetter. La deuxième est qu'il n'existe pas une demande de biens et services qui justifierait une demande de crédit et rendrait opportune l'offre de crédit. La troisième est que nombre d'entreprises se trouvent dans l'incapacité d'effectuer des anticipations fiables sur la demande future, et donc de s'engager dans des projets d'investissement à long terme faute de disposer d'un capital patient *via* les banques ou les marchés financiers. L'économie fait, alors, face à des défaillances *intertemporelles* de demande effective signifiant que les entreprises ne peuvent ou ne veulent pas échanger les revenus attendus du produit futur contre les services des facteurs requis pour l'obtenir, plus simplement ne peuvent ou ne veulent pas emprunter pour financer l'investissement.

Ce court aperçu d'histoire monétaire révèle la complexité du lien entre institutions monétaires et mécanismes de marché dès lors qu'est prise en considération la *séquence* des événements qui structurent l'évolution. Tout dépend de la nature des anticipations et donc de la réaction des agents économiques à la politique monétaire dont l'objectif devrait être de garantir la fiabilité de ces anticipations.

Dans la nouvelle économie classique, les anticipations retenues sont celles des consommateurs cherchant à optimiser leur utilité intertemporelle. Ce sont des anticipations endogènes (rationnelles), fruit de la connaissance présumée du fonctionnement de l'économie. Pour Keynes, les anticipations retenues sont les anticipations à long terme des entreprises. Elles sont exogènes, obéissant aux « esprits animaux ». Dans une analyse d'une économie hors de l'équilibre, ces mêmes anticipations sont endogènes et répondent à la façon dont les comportements monétaires et financiers affectent la confiance des entrepreneurs dans leurs propres calculs de rendement de l'investissement.

Une première possibilité, celle privilégiée par Keynes, est que l'activité d'entreprise devienne le jouet d'une activité de spéculation, que la circulation financière l'emporte sur la circulation industrielle, quand les mouvements des prix d'actifs reposent sur des prévisions correspondant à l'opinion moyenne, autrement dit à la psychologie collective. Il ne semble pas, pour autant, que seuls soient en cause des comportements irrationnels et émotionnels sur les marchés financiers. Le fait remarquable est la précarité extrême de la base de connaissances sur laquelle les estimations des rendements futurs sont fondées (Keynes, 1936, p. 149). C'est cette précarité qui ouvre la voie aux facteurs psychologiques affectant le degré de confiance des détenteurs de capitaux, même si l'organisation des marchés financiers a sa part de responsabilité dans la formation des bulles spéculatives et leur éclatement subséquent (Frydman et Goldberg, 2011, p. 117-128).

On ne saurait, pourtant, penser la relation entre finance et industrie uniquement en ces termes. La précarité de la base de connaissances n'est pas une donnée intangible. L'organisation du système monétaire et financier est susceptible de la faire reculer et d'influencer le fonctionnement des marchés de biens et de travail.

Si les conditions étaient effectivement réunies pour que demandeurs et offreurs de capitaux partagent une même vision à long terme, c'est-à-dire si banques et actionnaires étaient en position d'offrir un *capital patient*, les investissements engagés seraient porteurs d'une croissance durable. Non pas que l'offre de fonds commande la demande, mais, comme nous l'avons vu plus haut, parce que l'engagement à long terme des détenteurs de capitaux donne l'opportunité aux différentes autres parties prenantes de l'entreprise de s'engager à leur tour.

Une politique monétaire conçue dans le seul but de contrôler un taux d'inflation qui serait le résultat des seuls errements du gouvernement est bien loin de répondre à cet enjeu. Non seulement elle fait peu de cas d'une toujours possible instabilité financière, mais elle se rapporte uniquement aux anticipations à court terme, sans considération des anticipations à long terme.

C'est la raison pour laquelle objectifs et moyens de la politique monétaire doivent être révisés, de façon à prendre en compte la séquence des déséquilibres de marché au lieu d'une position d'équilibre de long terme qui n'existe pas. C'est aussi la raison pour laquelle cette même politique monétaire doit être assortie d'une politique macroprudentielle, conçue pour pallier les risques d'instabilité nés de comportements inappropriés des banques, et d'une politique structurelle visant l'organisation du système financier afin de répondre à l'exigence d'engagement plutôt que de contrôle.

CHAPITRE 6

La quête d'emplois solides

Dans une économie monétaire de production, les différents marchés de biens, de travail et financiers interagissent entre eux suivant des canaux qui, hors de l'équilibre, ne sauraient être réduits aux seuls signaux de prix. En particulier, emploi et salaires obéissent à des forces distinctes, quoique interdépendantes, qui témoignent de la complexité des relations entre eux, une complexité conduisant à écarter cette idée trop simple que la flexibilité des taux de salaire sur le marché du travail garantirait le maintien du plein-emploi en même temps que la réallocation nécessaire des ressources entre les secteurs alors qu'elle peut, selon les cas, déclencher une déflation et aggraver le chômage ou provoquer de fortes tensions inflationnistes et des destructions de capacité.

Cette complexité est révélatrice du statut du travail qui n'est pas ou ne devrait pas être, au sens strict, une marchandise qui serait, en quelque sorte, consommée à l'occasion de la production. Le travail, loin d'être réductible à un flux de création ou de destruction d'emplois, est un fonds de ressources qui agit à chaque moment sur les processus de production comme contrainte héritée du passé, aussi bien en volume qu'en termes de qualifications, mais une contrainte qui évolue sous l'effet de l'apprentissage. Aussi le contrat de travail, qui s'inscrit dans la *durée*, devrait-il être distingué du contrat de louage, simple contrat marchand au comptant, auquel il est implicitement réduit dans la théorie néoclassique du marché du travail.

Le contrat de travail est progressivement apparu comme l'expression d'une relation durable d'abord en tant que relation d'autorité, ensuite pour permettre à l'entreprise moderne de bénéficier d'une capacité d'apprentissage (de création de compétences) en réponse à l'évolution de ses métiers. Cette exigence retentit sur la nature des emplois. La question est de savoir s'ils doivent être *fluides* ou *solides*, de courte ou de longue durée. Elle est aussi de savoir si l'entreprise est une simple collection d'actifs librement négociables dont les emplois feraient partie ou si elle est cette coalition politique qui rend les différentes parties prenantes, y compris les salariés, solidaires entre elles autour d'objectifs communs de long terme.

Les réformes structurelles, telles qu'elles sont actuellement conçues, véhiculent une approche institutionnelle avant tout marquée par la recherche de fluidité ou de flexibilité de l'emploi. Alors qu'elles sont censées favoriser l'innovation et la croissance, elles risquent de devenir une source de dualisme et de pénaliser cette même croissance en engendrant une polarisation des emplois et des salaires.

Cette polarisation domine actuellement la répartition des revenus qui n'est pas ce fait technique signifiant que chaque facteur de production reçoit une rémunération correspondant à sa productivité marginale. Elle révèle la formation de rentes qui font obstacle à l'accumulation de capital, y compris de capital humain.

Emploi et salaire

Suivant la théorie néoclassique, emploi et salaire étant déterminés conjointement sur le marché du travail, le chômage ne peut être que la conséquence d'imperfections dont ce marché est le siège, des imperfections institutionnelles ou informationnelles porteuses de rigidités ayant pour effet de maintenir le taux de salaire réel à un niveau trop élevé par rapport à celui compatible avec le plein-emploi. Ce à quoi aboutissent la théorie du salaire d'efficience qui insiste sur le comportement des employeurs proposant un salaire plus élevé pour que les travailleurs révèlent leur vraie productivité ou la théorie qui explique que la rente de situation dont bénéficient les *insiders* au détriment des *outsiders* leur permet de bénéficier d'un salaire là aussi plus élevé que le salaire de plein-emploi correspondant à la pleine concurrence.

Or un tel marché n'existe pas au sens où le niveau de l'emploi dépend de l'interdépendance entre les différents marchés et, singulièrement, des comportements des détenteurs de capitaux sur le marché financier (Keynes, 1936 ; Leijonhufvud, 1968). Plus exactement, il dépend de l'incitation à investir des entrepreneurs, laquelle est commandée par l'état de la prévision à long terme dans un contexte où « les marchés financiers sont manifestement incapables d'assurer la cohérence des plans de production et de consommation à long terme » (Leijonhufvud, 1968, p. 276). Pendant que les taux de salaire résultent des conditions de négociation entre employeurs et employés et sont administrés, « c'est-à-dire qu'ils ne sont pas définis et réinitialisés dans des enchères quotidiennes, mais affichés et fixés pour des périodes de temps finies » (Tobin, 1972, p. 3).

L'explication que Tobin (1972, 1995) propose de la relation entre inflation et chômage s'inscrit dans cette perspective tout en introduisant des comportements différenciés sur des micromarchés en déséquilibre. Les salaires font l'objet de négociations et sont supposés plus flexibles à la hausse qu'à la baisse. En présence d'une demande excédentaire de travail, les entreprises augmentent plutôt les salaires que l'emploi en raison de la rareté de l'offre de travail. En présence d'une offre excédentaire de travail, elles diminuent plutôt l'emploi que les salaires pour conserver la confiance des salariés qu'elles continuent à embaucher. Cette asymétrie, qui résulte des conditions de négociation, affecte le niveau global de l'emploi et le taux d'inflation. Les salaires négociés n'obéissent pas à une loi égalisant l'offre et la demande uniquement affectée par l'état des pouvoirs de marché (des pouvoirs de négociation). Leur rigidité n'est pas le résultat d'une illusion monétaire, mais « une affaire de continuité » propre à la relation de travail (Hicks, 1974, p. 66).

Seule est ici considérée la courte période. Rien n'est dit de la façon dont les déséquilibres de marché se perpétuent au cours du temps faute de reconnaître la spécificité du capital en tant que fonds de ressources dont la disponibilité commande la séquence des événements, faute de reconnaître la spécificité des ressources humaines agissant également comme contrainte une fois abandonnée l'idée de leur homogénéité.

Suivant la théorie classique (de Smith et Ricardo), le capital est la « somme de valeurs » qui permet la mise en œuvre des processus de production. Il ne s'agit pas d'équipements éventuellement substituables au travail, mais de ce que les classiques désignent comme étant le fonds des salaires affecté au financement de la production et de l'investissement. Si l'offre de travail est infiniment élastique comme chez Ricardo, le taux de salaire réel est fixé au niveau du minimum de subsistance à raison de l'excès de main-d'œuvre et du pouvoir exercé par les capitalistes. L'emploi, de son côté, dépend du fonds de salaires compte tenu du niveau du taux de salaire ainsi établi.

Dans le cas d'un changement technique, deux régimes polaires sont considérés qui correspondent, l'un comme l'autre, à une dissociation de la détermination de l'emploi d'avec celle du taux de salaire. Comme nous l'avons vu plus haut (chapitre 4), soit le taux de salaire est fixe, et la contrainte imposée sur le fonds de salaires du fait d'un alourdissement des coûts de l'investissement pèse négativement sur l'emploi, soit le taux de salaire est flexible, le plein-emploi est assuré, et la même contrainte pèse, cette fois, sur le niveau de la productivité. La négociation conduite sur le marché du travail est ici indépendante des distorsions induites par l'innovation. L'économie reste pleinement coordonnée et finit par converger vers le nouvel équilibre.

Si, maintenant, l'offre et la demande ne sont pas instantanément coordonnées et si la monnaie est introduite pour faciliter les échanges, deux mécanismes interdépendants sont à l'œuvre : l'un régule les prix, dont le taux de salaire, qui réagissent aux déséquilibres de marché sur la base des conditions de négociation, l'autre détermine l'emploi qui dépend des ressources financières disponibles pour activer les processus de production étant donné les niveaux négociés des prix et des salaires. Formellement, le couplage de ces mécanismes est porteur d'une dynamique complexe, éventuellement de fluctuations erratiques du fait de l'alternance des excédents d'offre et de demande, notamment si les salaires et les prix sont fortement flexibles.

Comprendre les ressorts de cette dynamique requiert de s'enquérir de la réalité des mécanismes de coordination. Suivant la théorie néoclassique, celle-ci passe par le canal des prix. Elle est *logiquement instantanée*. Les incitations de prix (y compris le salaire) sont efficaces à contrôler le comportement des échangistes, c'est-à-dire à solder le marché, et les prix doivent être flexibles. Or, dès lors que les transactions ont lieu à des prix de déséquilibre (de « faux prix »), les demandes et les offres dépendent de ces prix et des contraintes de revenu (de ressources plus généralement) qui résultent du fait que les plans de ventes ou d'achats n'ont pas été réalisés comme prévu. Les ajustements de prix commandés par ce qu'il est convenu d'appeler la loi de l'offre et de la demande ne permettent pas nécessairement de les résorber. Une situation typique est celle dans laquelle les travailleurs dont le revenu est contraint du fait de l'insuffisance de la demande de travail communiquent une demande de biens réduite alors que, si les employeurs avaient formulé une demande de travail plus élevée et embauché davantage, la demande de biens aurait aussi été plus élevée, justifiant le niveau de la demande de travail (Clower, 1965 ; Leijonhufvud, 1973). Dans cette circonstance, une diminution du taux de salaire en réponse à l'offre excédentaire de travail ne peut qu'aggraver l'offre excédentaire de biens et déclencher une chute cumulative du revenu. Le défaut de demande effective résulte ici d'un simple défaut de communication : le marché est défaillant à transmettre le bon message, ce qui peut être corrigé par le versement d'indemnités chômage ou la création d'emplois publics qui permettront aux travailleurs de signaler une demande solvable au regard de laquelle il existe une capacité de production disponible.

Les choses deviennent plus complexes lorsque l'on quitte la courte période pour considérer la séquence des événements. Des stocks sont involontairement accumulés comme résultat des écarts entre offre et demande au prix courant sur les marchés de biens. Ces stocks sont des stocks réels (biens d'équipement, biens finals, main-d'œuvre), mais aussi des stocks financiers, notamment des dettes. Ce sont des *vecteurs de transmission* des déséquilibres qui peuvent agir dans des directions opposées. D'un côté, les stocks agissent comme des « tampons » entre flux d'offre et de demande, entre flux de revenus et flux de dépenses. Les stocks de liquidités permettent de maintenir les dépenses lorsque les recettes diminuent. D'un autre côté, ces mêmes stocks contribuent à amplifier les déséquilibres de flux. Ce sera le cas quand l'excédent de capacité et les stocks de biens constitués involontairement ou encore les dettes accumulées conduisent les entreprises à réduire l'investissement en capacité ou même la production courante et, par suite, le volume de l'emploi, alors qu'une baisse du taux de salaire nominal ne peut qu'accentuer le déficit de demande.

Les ressources humaines font partie de ces stocks à raison de leur hétérogénéité. Prenons le cas d'une économie heurtée par un choc technologique qui crée un excédent d'offre de travail dans certaines activités et un excédent de demande de travail dans d'autres. Le taux de salaire devrait chuter d'un côté et augmenter de l'autre, déclenchant la mobilité nécessaire des travailleurs. Ce scénario est celui de l'autorégulation par le marché. Or, si les qualifications désormais requises ne sont pas disponibles, il ne peut y avoir de mobilité immédiate, le stock existant de main-d'œuvre est une contrainte, les excès d'offre et de demande de travail persistent. Aux taux de salaire qui sont fixés sur chacun des marchés, en regard de ces déséquilibres et sur la base des conditions de négociation, le fonds des salaires est contraint et avec lui le niveau total de l'emploi. Il n'est plus question de réallocation instantanée d'une ressource homogène grâce à la flexibilité des taux de salaire, mais de création de nouvelles compétences et qualifications, laquelle exige du temps et des moyens financiers pour être effective, dans un contexte de viscosité des taux de salaire.

La flexibilité revisitée

Le travail a acquis une dimension qui était, au début de l'ère industrielle, réservée aux équipements. Il est constitué de ressources aux qualifications diverses qui rendent des services tout au long d'une durée d'usage qui dépasse celle du processus de production élémentaire : c'est un fonds de services au sens de Georgescu-Roegen (1971). Il s'inscrit dans une organisation de la production qui en assure à la fois un taux d'utilisation maximal et s'ouvre sur la possibilité de son enrichissement. Cette organisation aide à développer la connaissance, elle aide à produire non des marchandises, mais des processus, elle vise l'acquisition de connaissances en transformant le travail qui de flux devient un fonds de services. À chaque moment les ressources humaines sont un ensemble de qualifications et de compétences résultant de choix antérieurs constitutifs de contraintes. Elles sont aussi parties prenantes d'un processus d'apprentissage de nouvelles qualifications et compétences.

La relation de travail s'est transformée en même temps que le travail acquérait ce nouveau statut et que se développait l'entreprise moderne. Est ainsi apparu le contrat de travail dont la caractéristique, souvent oubliée dans la littérature de théorie économique, est qu'il n'est pas une stricte relation de marché comme l'est le contrat de louage. Il constitue une relation d'autorité avant d'être une relation marchande. En fait, il suppose une certaine continuité de la relation entre employeur et employé. Cette continuité explique qu'il existe un coût à la rupture de cette relation, pour l'employé bien sûr, mais aussi pour l'employeur dès lors qu'il y a, au détriment de l'un comme de l'autre, perte du capital humain accumulé et de la capacité d'apprentissage que ce dernier recèle. En d'autres termes, le contrat de travail s'inscrit dans la perspective d'un enrichissement progressif des compétences répondant à la nécessité, pour l'entreprise, de renouveler en permanence ses métiers.

La flexibilité propre au contrat de travail tient alors à ce que les tâches fixées par l'employeur peuvent changer et changent généralement pour répondre à de nouveaux besoins des entreprises. Elle constitue une forme de liquidité visant, à l'instar des actifs financiers de réserve, à préserver la gamme la plus large possible des choix futurs. Elle repose sur la conviction que l'innovation est une affaire d'apprentissage collectif au cœur de laquelle se trouve l'entreprise. D'ailleurs, « la grande singularité, et la modernité inentamée du droit du travail, consiste justement à reconnaître que la capacité des individus s'ancre nécessairement dans celle des groupes auxquels ils appartiennent, et que la société n'est pas et ne peut être cette poussière de particules contractantes à quoi voudraient la réduire les intégristes du marché » (Supiot, 2010, p. 139-140).

La durabilité et la flexibilité de la relation d'emploi requièrent une confiance réciproque entre l'employeur et l'employé, laquelle repose sur l'équité du contrat de salaire. L'équité n'est pas une notion simple, mais, à tout le moins, elle suppose une relative rigidité du salaire, qui est affaire de *continuité*, non d'illusion monétaire (Hicks, 1974, p. 65-66).

La durabilité de la relation d'emploi (du contrat de travail) est, en outre, conditionnée par la durabilité des contrats de financement. Ce n'est que si l'entrepreneur a la garantie de disposer des moyens de financement nécessaires au moment où ils sont requis qu'il peut garantir aux travailleurs la durée de leur emploi. Le contrat de travail n'est pas plus dissociable du contrat de financement que ne l'est, dans les termes de l'analyse de Keynes, le marché du travail du marché financier. La distinction entre les actionnaires de l'« extérieur » et les actionnaires de l'« intérieur » prend ici sa pleine signification. Dès lors, « le fait que le droit des sociétés favorise l'une ou l'autre de ces deux formes d'actionnariat est évidemment beaucoup plus lourd de conséquences sur l'emploi que le caractère plus ou moins protecteur du droit de licenciement » (Supiot, 2010, p. 112).

On l'aura compris, la flexibilité requise n'est pas celle dont on parle habituellement. Elle n'est pas assimilable à une réactivité immédiate des taux de salaire aux signaux du marché génératrice de mobilité que rendraient possible les facilités d'embauche et de licenciement. Elle devient une capacité d'initiative permettant à l'entreprise d'évoluer, de créer de nouvelles options productives et de construire son propre environnement en créant de nouvelles qualifications et compétences (Amendola et Bruno, 1990).

L'accent est, alors, mis sur le potentiel que recèlent, *à terme*, les ressources humaines plutôt que sur leur performance *immédiate*. Ce qui importe, ce sont moins les tâches assignées à un moment déterminé aux travailleurs que la possibilité de leur redéploiement en vue de remplir de nouvelles tâches.

L'externalisation de certaines d'entre elles a pour objectif non de baisser les coûts, mais de libérer des ressources internes pour les affecter à de nouvelles tâches plus productives ou plus prometteuses. Ces processus d'apprentissage et de redéploiement prennent du *temps* et impliquent des hausses temporaires de coût, mobilisent des ressources sans que leur usage soit systématiquement et immédiatement optimisé.

Certes, dans le domaine des nouvelles technologies, *de facto*, les entreprises recourent principalement au marché externe du travail avec comme conséquence que la durée dans l'emploi est relativement faible. Ces entreprises procèdent ainsi parce qu'elles sont à la recherche des expériences acquises par leurs salariés chez leurs concurrents. Elles proposent, alors, des salaires sans cesse plus élevés à des salariés qui exercent leur pouvoir de marché et restent durablement employés bien que ce soit dans différentes entreprises. Elles peuvent le faire parce qu'elles se trouvent en position de concurrence monopolistique. Aussi est-ce d'une mobilité très particulière du travail qu'il s'agit, qu'il faut distinguer de celle rendue nécessaire par les destructions d'emplois du fait de progrès des technologies ou de préférences des clients induisant des changements de qualifications. Tout aussi particulière est la mobilité induite par l'existence de communautés de pratiques ou de savoirs, associant des salariés pouvant travailler dans différentes entreprises, dont l'objet est la création de connaissances. Ces communautés transcendent la distinction entre marchés internes et marchés externes du travail en même temps qu'elles stabilisent les engagements individuels, bien loin de la flexibilité dans son acception commune d'optimisation immédiate des situations individuelles. Elles sont le reflet de la volonté de maîtriser les interactions sociales, non pas à un moment donné du temps, mais au tout au long d'un processus d'innovation jamais parvenu à son terme.

Le risque de dualisme

La forme durable de relation de travail et les avantages qui vont avec ont pu être mis en échec quand les conditions macroéconomiques, dans les années 1970, ont été à l'origine d'une généralisation des augmentations salariales à tous les secteurs, quelle que soit leur situation conjoncturelle, précipitant une spirale inflationniste. L'inflation, quand elle dépasse un certain seuil, est néfaste en ce qu'elle détériore la confiance dans les négociations qui fait du contrat de travail un gage d'efficacité économique et d'équité sociale. C'est évidemment une raison majeure de la combattre (Hicks, 1974, p. 79). Ce n'est pas une raison pour remettre en cause le contrat de travail tel qu'il avait été conçu auparavant.

Aujourd'hui l'inflation a disparu. En revanche, les inégalités ont progressé et avec elle le dualisme au sein de la société. Si détérioration des relations de travail il y a, c'est en raison de la tentation de substituer un contrat marchand au contrat de travail, des emplois fluides aux emplois solides.

Les réformes du marché du travail s'inscrivent dans cette perspective. La ressource humaine redevient, dans l'esprit des décideurs, une ressource individuelle plutôt que collective. Les mesures de transition vers l'emploi, censées assurer une sécurité professionnelle individuelle, l'emportent sur les garanties de maintien dans l'emploi. La fréquence des changements d'emploi et donc des passages par le marché externe augmente en même temps que baisse la durée moyenne des emplois.

Tout cela n'a évidemment de sens que si la capacité d'innovation des entreprises s'en trouve accrue. Or il est possible sinon vraisemblable que ce soit l'inverse qui se produise.

Le principal résultat de la flexibilité des marchés de travail est, aujourd'hui, une polarisation durable entre emplois très qualifiés, fortement rémunérés, et emplois non qualifiés, faiblement rémunérés, avec à la clé une baisse du salaire médian. Les ressources libérées, loin d'être dirigées vers les activités de haute technologie mieux rémunérées, sont contraintes d'aller vers des activités où les emplois offerts sont peu ou faiblement qualifiés, parfois à temps partiel et le plus souvent précaires. Ne serait-ce que parce que les travailleurs livrés à eux-mêmes ne disposent pas des moyens financiers suffisants, ni des connaissances leur permettant d'accéder aux qualifications supérieures demandées. La multiplicité des emplois occupés au cours de la vie professionnelle pourrait, alors, relever de cette précarité plutôt que de refléter la multiplicité des métiers exercés et des qualifications détenues au cours d'une vie professionnelle. Auquel cas, les forts taux d'entrée et de sortie seraient révélateurs de la précarité des emplois plus que de l'intensité et de la rapidité des innovations, la diminution du taux de chômage irait de pair avec l'augmentation du taux d'emploi précaire et du taux de pauvreté.

De cette polarisation témoignent les études empiriques de la situation de l'emploi aux États-Unis comme en Europe réalisées depuis deux décennies. Un très grand nombre des millions d'emplois créés ont été des emplois d'intérim, des emplois ponctuels, des emplois en contrats courts, des emplois de contractants indépendants. Le plus souvent les travailleurs pauvres, peu ou pas qualifiés, naviguent entre chômage et emplois précaires du fait de leurs faibles chances de bénéficier d'une formation pendant leur période d'emploi.

Cette transformation de la nature des emplois et la chute des salaires qui l'accompagne affectent la qualité des ressources humaines et, par suite, la croissance potentielle. Ce ne sont pas les rigidités du marché du travail qui orientent les choix d'investissement et les choix technologiques que ces investissements portent dans un sens défavorable à la productivité et à la croissance, mais le développement du dualisme sur les marchés du travail. Les dysfonctionnements de ces marchés se traduisent par la pérennisation des excédents d'offre de travail d'un côté, des excédents de demande de travail de l'autre, une chute des salaires d'un côté, une hausse de l'autre. Il s'ensuit un creusement des inégalités et un déclin de la classe moyenne qui affecte la structure de la demande. Les ménages les plus riches, dont les revenus s'apparentent, pour une large part, à des rentes, achètent des biens de luxe fabriqués en petits volumes parfois à l'étranger ou utilisent une épargne abondante à l'achat d'actifs financiers et immobiliers existants. Les ménages les plus pauvres des pays riches se détournent des produits domestiques et achètent des produits fabriqués à bas coût dans les pays à bas salaires. Une forme de désindustrialisation prend place qui a pour effet de réduire les gains de productivité, la capacité d'exportation et le taux de croissance potentiel.

La montée du dualisme est, sans doute, la raison pour laquelle, au cours de la dernière période, les gains de productivité ont été aussi faibles aux États-Unis et au Royaume-Uni que dans les pays de la zone euro en dépit de différences sensibles en matière de protection de l'emploi, d'intensité de la concurrence sur les marchés de biens et de services, de poids du secteur public et de la fiscalité.

Encourager une flexibilité de réaction, autoriser institutionnellement de larges fluctuations de l'emploi, c'est, paraît-il, encourager les entreprises à choisir des investissements plus risqués puisqu'elles n'auront pas à supporter la totalité de ces risques dont une partie sera assurée par les travailleurs à rebours de la thèse qui veut que seuls les actionnaires seraient exposés au risque. Mais c'est surtout inciter ces mêmes entreprises à ne pas investir beaucoup en capital humain, dès lors qu'elles anticiperaient de pouvoir perdre le bénéfice de cet investissement avec le départ, volontaire ou involontaire, de leurs salariés. D'une certaine façon, les mauvaises entreprises pourraient chasser les bonnes.

Certes, on peut toujours renverser la proposition et imaginer que la spécificité des investissements réalisés par les entreprises pour créer des emplois, renforcée par des règles institutionnelles faisant obstacle aux licenciements, dévaluerait l'option de l'entreprise d'utiliser ses ressources en dehors de la relation d'emploi initiale et réduirait l'opportunité d'investir en raison du risque d'appropriation d'une partie de la quasi-rente par le travail. Il s'ensuivrait une sclérose technologique et une sous-utilisation du travail. Un lien est établi entre appropriation et technologie sur la base d'une comparaison entre des équilibres intertemporels. Aucune séquence faisant suite à des déséquilibres n'est explorée. C'est ignorer que maintenir un certain niveau de protection de l'emploi est le moyen d'encourager l'investissement en capital humain, c'est-à-dire de créer les conditions propices à l'apprentissage et à l'innovation, de favoriser une adaptation des compétences aux nouvelles exigences de l'offre comme de la demande de biens. C'est aussi ignorer l'existence de contraintes financières qui pèsent, inévitablement, sur le processus d'apprentissage.

Répartition et accumulation

Ricardo (1821) est un des rares économistes à avoir donné une réelle importance à la répartition en laquelle il voyait l'expression d'un fait social. Il montre ainsi que l'augmentation de la rente foncière au détriment des profits a pour effet de réduire l'accumulation de capital (en l'occurrence les sommes dévolues au fonds de salaires) jusqu'à atteindre l'état stationnaire. Cette analyse a été le plus souvent oubliée au bénéfice de la théorie néoclassique de la répartition qui réduit cette dernière à être le produit des choix technologiques et s'en tient à associer la notion de rente à l'exercice de pouvoirs de marché toujours présumés néfastes au bien-être, sans préoccupation aucune des conditions de l'innovation. Pourtant, à y regarder de plus près, elle pourrait bien conserver toute sa pertinence.

Au cours de la période récente, notamment aux États-Unis, s'est produite une forte polarisation des emplois et des salaires. Ce sont les salariés du haut de l'échelle qui ont été les principaux bénéficiaires de la croissance du revenu global, ce sont les différences de salaires, dont les plus élevés incorporent des bonus, qui ont été le principal vecteur du creusement des inégalités de revenus. Il vient, alors, à l'esprit de l'économiste rompu au raisonnement néoclassique que les salaires très élevés ne seraient que la rémunération d'un talent et d'une compétence que valoriseraient encore plus les nouvelles technologies. La répartition ne serait alors qu'un fait technique, chaque facteur de production étant rémunéré à sa productivité marginale.

Il est, pourtant, difficile de reconnaître dans ces hauts salaires la rémunération qui mesurerait simplement une contribution à l'activité productive. « L'observation que même les Américains les plus éduqués ont vu leurs revenus se situer au-dessous de la moyenne, alors qu'une poignée de personnes s'en tirent incroyablement bien, réduit à néant l'argument suivant lequel les inégalités résultent d'un changement technologique biaisé en termes de compétences et conforte l'argument que cela est dû en grande partie aux changements d'institutions et de normes » (Krugman, 2007, p. 75).

Les très hauts salaires procèdent d'un renforcement sensible du pouvoir de marché de certaines catégories de salariés autorisant des augmentations fortes et rapides. C'est le cas, notamment, lorsque, sur des marchés de grand nombre, le gagnant (l'offreur le mieux noté) emporte la totalité de ce marché. C'est le cas, évidemment, pour les salariés de la finance, pour les managers exécutifs ou pour les stars du sport et du divertissement. S'agissant, en particulier, des bonus extravagants versés aux managers exécutifs, ils sont une manifestation du manque de confiance de ces derniers dans l'entreprise pour veiller à leurs intérêts à long terme, indiquant un changement de nature de l'entreprise au sein de laquelle le contrôle a pris le pas sur l'engagement, le court terme sur le long terme (Mayer, 2013, p. 151).

Ces augmentations, parfois pharamineuses, n'ont en rien induit une hausse significative de l'offre du travail dans les métiers concernés. Aussi est-il davantage question de la captation d'une *rente* que de la rémunération d'un travail, fût-ce un travail managérial. La rente d'un bien (ou d'un service) est, en effet, la portion du prix qui n'influence pas la quantité disponible de ce bien (ou service), une demande accrue de ce bien ou service ne faisant qu'en augmenter le prix et enrichir son détenteur sans induire une offre accrue.

Dans le même temps, les profits, dont la part augmente au détriment des salaires, sont en partie détournés de l'investissement productif, notamment en servant à l'entreprise pour racheter ses propres actions et en soutenir le cours, à garantir aux managers exécutifs le niveau très élevé de leurs émoluments ou à payer des droits de propriété intellectuelle que ne justifie pas la protection de la capacité à innover. Cette fraction des profits relève également de la rente dans la définition qui vient d'en être donnée. La rente, ainsi strictement définie, se distingue des quasi-rentes à la Marshall, qui procèdent d'un pouvoir de marché et n'entraînent pas une augmentation de la production et de l'emploi courants, mais permettent, *via* l'investissement, d'augmenter la production et l'emploi futurs.

La forte flexibilité des prix et des rémunérations est ainsi apparue comme essentiellement créatrice de rentes. Elle résulte de la récurrence et de l'approfondissement des déséquilibres de marché bien plus que d'une évolution, au demeurant lente, des technologies ou des préférences. Au lieu de favoriser une meilleure allocation des ressources *via* la convergence vers des prix « normaux », elle traduit le renforcement des pouvoirs de négociation côté court des marchés, dont l'explosion des rémunérations les plus élevées n'est qu'un des aspects, créant les conditions du développement de comportements prédateurs à très court terme. Le paradoxe apparent au regard de la théorie standard tient à ce qu'il existe bel et bien une opportunité de gain sur le marché, mais cette opportunité est saisie par un petit nombre dont l'action, tout en leur offrant les gains immédiats attendus, ne fait que pérenniser, voire aggraver les déséquilibres existants au risque de mettre en péril l'ordre social.

Non seulement ces rentes accumulées n'ont pas d'effet sur la production et l'emploi à court comme à long terme, mais elles alimentent une demande de biens ou de services dont l'augmentation n'a pas d'autres conséquences qu'une hausse de leurs prix, étant à l'origine de rentes induites ou de second rang. Elles contribuent également à l'inflation du prix des actifs financiers et immobiliers qui absorbent une grande partie des gains de la croissance dont les salariés n'ont plus le bénéfice.

Avec le creusement des inégalités et la montée du dualisme, deux démons affectent la croissance : l'investissement excessif dans les activités de luxe (incluant les investissements personnels dans l'immobilier de luxe) et la négligence des investissements dans ces domaines qui requièrent une *attente* plus longue, les industries de biens capitaux et les activités d'utilité publique (Georgescu-Roegen, 1968/1976, p. 180). Ces démons sont l'expression d'un *raccourcissement de l'horizon temporel* des décideurs dont nous avons déjà souligné l'effet délétère sur la nature des technologies (chapitre 4). Ce qui est en cause n'est pas tant l'existence d'un pouvoir de marché que l'usage fait de ce pouvoir et des ressources captées.

Dans ces conditions, l'effet de ruissellement des revenus des riches vers les pauvres n'est qu'un mythe. Certes, Keynes n'avait pas tort de s'emparer de *La Fable des abeilles* de Mandeville pour nous convaincre que la consommation des riches pouvait assurer emplois et revenus aux pauvres. Mais il s'agissait avant tout, pour lui, de dénoncer le mauvais usage possible de l'épargne susceptible d'alimenter ce qu'il dénommait dans le *Traité sur la monnaie* (1931) la circulation financière au détriment de la circulation industrielle au risque de créer une bulle spéculative. Il entendait ainsi nous alerter sur les insuffisances de la demande globale. Il aurait pu ou dû aussi convenir que l'achat de biens de luxe, en ayant surtout pour effet une hausse de leurs prix, n'a guère d'effet significatif sur l'emploi et le revenu global.

D'ailleurs, en introduction de son analyse des conséquences économiques de la paix, Keynes expliquait déjà que la création de richesses observée au XIXe siècle et au début du XXe siècle résultait de ce que « les riches préféraient le pouvoir que l'investissement leur donne au plaisir de la consommation immédiate » alors que, « si les riches avaient dépensé leurs nouvelles richesses pour leur propre plaisir, le monde aurait trouvé depuis longtemps un tel système intolérable » (Keynes, 1919, p. x).

C'est bien ce dont il est question de nouveau. Comment peut-on faire en sorte que le partage des revenus et des richesses garantisse la croissance et préserve l'ordre social ? Utiliser les instruments de redistribution que sont les dépenses publiques et la fiscalité pour y parvenir est rendu difficile du fait de la mondialisation quand le pouvoir de l'État est affaibli à la fois par des marchés financiers qui imposent de limiter les déficits et par des entreprises qui peuvent jouer de la concurrence fiscale. La réalité est que s'en tenir au seul effort de redistribution, c'est avaliser les inégalités primaires, finalement jugées naturelles, alors qu'elles résultent des institutions et des normes en vigueur et qu'elles pénalisent la croissance (Askenazy, 2019). Aussi, plutôt que de promouvoir des réformes structurelles susceptibles d'aggraver les inégalités, il vaudrait mieux s'attaquer à ces inégalités primaires, s'enquérir des conditions politiques et sociales pour qu'entreprises, détenteurs de capitaux et salariés puissent investir à *long terme* et permettre que se reconstitue une classe moyenne dont la demande garantit de pouvoir obtenir des gains de productivité.

TROISIÈME PARTIE

La politique économique à l'épreuve du temps

La politique économique a, traditionnellement, deux dimensions, l'une globale, l'autre structurelle. D'une part, les politiques keynésiennes de demande essentiellement macroéconomiques visent à lisser des fluctuations, d'autre part, les politiques classiques de l'offre sont censées assurer la croissance en préservant un état de concurrence. L'action sur la demande est cantonnée au court terme et n'aurait pas d'incidence à long terme, sauf effet d'hystérèse consécutif à une baisse de la demande. L'action sur l'offre est cantonnée au long terme, concerne la structure des marchés de biens et du travail, et n'aurait pas d'incidence à court terme, sauf à affecter temporairement l'emploi et le revenu global. C'est sur ce terrain que persiste la controverse entre nouveaux économistes keynésiens et classiques, entre économistes de la demande et économistes de l'offre bien qu'ils aient en partage la même conception du mode général de fonctionnement de l'économie. Ainsi, l'impasse est faite sur la façon dont interagissent, hors de l'équilibre, actions conjoncturelles et structurelles, actions publiques et privées.

Rompre avec ce face-à-face requiert de reconsidérer aussi bien les politiques macroéconomiques que les politiques structurelles, que ce soit dans une économie ouverte ou dans une économie fermée, en sachant que le but qui doit leur être assigné n'est pas d'atteindre un équilibre mais d'assurer la *viabilité* des changements endogènes en cours.

Les politiques macroéconomiques, qu'elles obéissent à des règles ou relèvent de choix discrétionnaires, affectent et sont affectées par les déséquilibres aux *temporalités* diverses qui prennent place sur les différents marchés. Elles ont pour objet de lisser les fluctuations.

Les politiques structurelles introduisent restrictions et contraintes de nature institutionnelle qui doivent permettre aux entreprises et aux détenteurs de capitaux de se projeter à long terme. Elles interagissent avec les politiques macroéconomiques dans la mesure où elles peuvent permettre de minimiser les coûts sociaux du changement en termes de chômage, de précarité et d'inégalités, limitant par là même les dépenses publiques qui visent à les réparer.

L'ouverture aux échanges internationaux, comme toutes les ruptures des états existants, crée des distorsions et des déséquilibres dont la maîtrise exige des interventions spécifiques qui relèvent de ces mêmes politiques macroéconomiques et structurelles, mais qui ont une dimension supplémentaire qui est d'articuler les objectifs intérieurs de revenu et d'emploi et l'objectif d'ouverture afin de les rendre compatibles.

CHAPITRE 7

La maîtrise globale du temps

Imaginer qu'il existe un attracteur unique à long terme et qu'essayer de s'y soustraire n'engendre que des perturbations temporaires justifie la mise en œuvre d'une thérapie de choc visant à atteindre *sans délai* la cible prédéterminée. Considérer, à l'inverse, que les déséquilibres sont dans la nature des processus de marché et que le chemin se fait en marchant implique de reconnaître la nécessité d'une approche *graduelle* de la politique économique visant non à éradiquer *ab ovo* ces déséquilibres, mais à lisser les fluctuations. Cette politique relève d'une coordination intertemporelle. Celle-ci n'est pas acquise à raison d'une connaissance *a priori* du fonctionnement de l'économie. Elle est de nature séquentielle, résultant de la maîtrise, pas à pas, de la succession des déséquilibres.

Le rôle régulateur du gouvernement réside, alors, dans la *mise en résonance* du temps de l'action publique avec celui de l'action privée. Dans cette perspective, au lieu de vouloir systématiquement réduire, à tout moment, la dette publique, il importe de considérer le rapport qu'elle entretient *dans le temps* avec la dette privée. Au lieu de rechercher une solution dans les effets présumés instantanés d'une politique budgétaire fondée sur le multiplicateur de dépenses, il importe de considérer la façon dont l'investissement public affecte, *dans le temps*, l'investissement privé. La société ne peut pas échapper à la difficulté de choix discrétionnaires qui visent à maîtriser des horloges multiples.

L'illusion de la thérapie de choc

Implicitement et parfois concrètement, la théorie macroéconomique dominante, en reposant sur la croyance en l'existence d'un attracteur unique, privilégie les ajustements drastiques et rapides, autrement dit une thérapie de choc, sans, le plus souvent, considérer les changements structurels sous-jacents.

Cette thérapie a été expérimentée dans deux situations extrêmes de transition, la modernisation accélérée des économies retardataires au moyen de la planification centralisée et le passage, non moins accéléré, d'une économie administrée à une économie de marché : dans les deux cas avec des résultats catastrophiques.

La thérapie de choc a, historiquement, été présentée comme l'outil de planification par excellence. La discussion portait sur le point de savoir s'il est opportun de rechercher le bien-être des générations futures en imposant une redistribution des ressources productives au bénéfice des secteurs que les technologies existantes désignent comme les plus efficaces en termes de gains de productivité afin d'obtenir une croissance plus forte. De fait, une telle redistribution effectuée brutalement et rapidement est génératrice de destructions de capacités existantes (physiques et humaines) importantes.

Elle porte atteinte immédiatement au niveau de la production et du revenu par tête. Elle est, cependant, censée permettre à l'économie de se positionner sur le sentier à taux de croissance maximal de telle sorte que les pertes initiales de production sont rapidement compensées. C'est ce que, à la suite de von Neumann et McKenzie, on a appelé le théorème de l'autoroute. Toutefois, ce résultat ne tient pas dès lors que se produisent ou sont initiés des changements *fréquents* de technologie et de préférences, qui sont dans la nature des économies de marché et constituent la véritable source de la croissance. La performance maximale n'est plus, alors, obtenue en suivant le chemin le plus rapide dicté par les technologies du moment et caractérisé par des restructurations brutales et immédiates, mais en empruntant des chemins de traverse moins rapides, mais moins destructeurs et plus sûrs (Hicks, 1965, p. 227-237).

La même thérapie de choc a été le remède proposé aux économies administrées engagées dans une transition vers l'économie de marché avec les conséquences que l'on connaît (Heyman et Leijonhufvud, 1995). Ainsi la Russie, après la chute du communisme, a-t-elle introduit brutalement des mécanismes présumés être ceux d'une économie de marché en l'absence des institutions qui doivent la structurer, notamment en l'absence d'un véritable système bancaire susceptible de favoriser des investissements « solides ». La propriété des entreprises a été rapidement transmise à leurs salariés et provisoirement disséminée jusqu'à ce que se constitue une oligarchie qui a acquis l'essentiel des droits de propriété et s'est ainsi approprié la quasi-totalité des richesses. Il s'est ensuivi des destructions excessives ou prématurées de capacités de production et une forte inflation avec à la clé la disparition des actifs liquides et de certains marchés intertemporels révélant le raccourcissement de l'horizon temporel des détenteurs de richesses qui ne pouvait qu'obérer les capacités de croissance.

Ce sont là, bien sûr, des situations extrêmes. Elles n'en sont pas moins révélatrices. Les économies de marché sont « normalement » confrontées à des innovations induisant systématiquement la rupture des structures productives existantes. Aussi la question se pose-t-elle, tout autant dans leur cas, des *rythmes* de destruction et de création d'activités et d'emplois. Dans une perspective d'équilibre intertemporel, la prescription est d'éviter le gradualisme qui se traduirait par des destructions immédiates accompagnées d'un ralentissement des créations entraînant aussi bien une sclérose technologique que la hausse du chômage structurel. Les réformes structurelles, censées permettre de rompre avec des rigidités coupables d'être à l'origine de rentes assimilées à la seule existence d'un pouvoir de marché sans considération de son usage, doivent être mises en œuvre *dans l'instant*, car entreprises et ménages, anticipant rationnellement leurs effets positifs, devraient augmenter *immédiatement* leurs dépenses d'investissement et de consommation.

C'est faire abstraction du temps de construction des nouveaux processus de production et de ses effets en séquence. Le problème n'est pas tant d'accéder rapidement à la technologie réputée la plus efficace que de permettre la *viabilité* du processus de *changement* engagé. D'où l'importance et la nécessité de se préoccuper de l'impact *en séquence* des phénomènes de chaque instant en tant qu'ils sont, potentiellement, porteurs de *processus cumulatifs*, justifiant une approche *gradualiste* de la politique économique dont le but est précisément d'entraver de tels processus.

L'exigence de coordination séquentielle

La politique économique, dans ses dimensions monétaire et budgétaire, ne saurait être réduite au réglage conjoncturel de la demande d'autant qu'elle a un effet *durable* sur l'offre, donc sur la croissance. En outre, la politique d'*aujourd'hui* contraint celle de *demain* en liant expansions et récessions.

Il en est ainsi de la lutte contre l'inflation conduite à partir des années 1980. Quand celle-ci s'est accompagnée, en Europe, d'une hausse du taux de chômage qualifié de naturel, les tenants du consensus l'ont attribuée aux rigidités du marché du travail, mettant ainsi l'accent non sur une séquence, mais sur la coordination *ex ante* autour d'un « mauvais » équilibre (un taux de chômage naturel plus élevé). L'explication du même phénomène peut, cependant, être différente. Quand une politique monétaire restrictive contraint le montant des investissements, le profil des fluctuations est modifié. L'insuffisance récurrente des investissements a pour effet, cycle après cycle, de diminuer le taux de croissance compatible avec la stabilité des prix ainsi que d'augmenter le taux de chômage qui n'accélère pas l'inflation, ce que d'aucuns appellent le taux de chômage d'équilibre. La raison en est que des investissements réduits *aujourd'hui* signifient un niveau de production moindre *demain* et par suite une barrière inflationniste plus *rapidement* atteinte. Une contrainte imposée, simultanément, sur le niveau de déficit budgétaire (*i.e.* une règle de déficit maximal) entretient et aggrave les fluctuations. Elle induit une baisse des dépenses publiques en phase de récession, accentuant le ralentissement et contribuant à réduire la durée de la phase ultérieure de reprise en pesant sur l'investissement public. Les phases de récession sont amplifiées, qui ne sont pas interprétables comme des écarts à une tendance prédéterminée, mais bien comme les phases d'une évolution essentiellement *endogène* que la contrainte budgétaire contribue à façonner. Les règles en question sont censées faire échapper à l'arithmétique déplaisante suivant laquelle, sans réduction drastique du déficit public, la monétisation de la dette ne peut qu'engendrer de fortes tensions inflationnistes. En réalité, elles font plonger dans une dynamique des déséquilibres tout aussi déplaisante en ce qu'elle augmente le taux de chômage que l'on ne devrait plus appeler le taux de chômage naturel. Au regard de ce type de séquence, le véritable objet de la politique économique devrait être de maîtriser l'articulation *dans le temps* des déséquilibres qui ne manquent pas de s'enchaîner.

Concevoir des ajustements graduels consiste non pas à introduire un retard dans la mise en œuvre des mêmes mesures de politique économique qui font consensus, mais à maîtriser le changement en adaptant les mesures de politique économique à chaque étape de l'évolution. Il ne s'agit pas *d'avancer ou de retarder* l'heure fixée par une horloge mécanique. Il s'agit d'articuler les *temps propres* à chaque phénomène et à chaque événement. Il ne peut, alors, y avoir de règles intangibles.

Les déséquilibres s'enchaînent les uns après les autres, peuvent s'amplifier, se résorber ou se compenser *dans le temps* suivant la façon dont les marchés fonctionnent et le type d'action publique mis en œuvre. L'enjeu de cette dernière n'est pas d'éliminer dans l'instant les déséquilibres du moment (ce qui est totalement illusoire), mais de faire en sorte de les contenir et qu'ils puissent même être la condition de leur extinction future. Ainsi, augmenter les dépenses publiques *aujourd'hui* et augmenter, corrélativement, la dette publique réduira l'excédent d'offre et le chômage, tandis que taxer les revenus *demain* réduira l'excédent de demande et les tensions inflationnistes. En l'occurrence, l'accroissement de la dette publique ne diminue pas la consommation courante, tandis que le remboursement ultérieur de cette dette réduira la consommation future pour le bien de l'économie sur l'ensemble de la période. La politique économique est ici conçue de manière à répondre à la mauvaise distribution *temporelle* des demandes excédentaires laissée sans correction par les ajustements de prix, notamment de taux d'intérêt (Leijonhufvud, 2000, p. 37). Elle fait œuvre de *coordination* non pas en se calant sur un équilibre prédéterminé, mais en lissant séquentiellement les déséquilibres successifs.

Inutile, alors, de dire que la neutralité (l'équivalence dite ricardienne) entre taxer demain et taxer aujourd'hui (entre l'emprunt et l'impôt), qui veut que la politique de déficit budgétaire soit inefficace, ne tient que sous l'hypothèse qu'il existe un équilibre général intertemporel et des anticipations rationnelles. Quand un déficit budgétaire fait suite à une hausse de l'épargne privée et à un recul de l'activité, la vraie question est de savoir pendant *combien de temps* il faut accepter un déficit budgétaire et quel doit être son montant avant que la dépense publique puisse être relayée par la dépense privée.

Au lieu qu'il soit ici question d'incohérence temporelle des décideurs publics que la pression des électeurs amènerait à se contredire, c'est bien de *coordination séquentielle* qu'il s'agit. Les pouvoirs publics n'ont pas à respecter des règles qui préviendraient tout choix discrétionnaire tendant à contrarier une dynamique présumée optimale impulsée par les acteurs privés.

Ils doivent agir de manière à rendre cohérents comportements privés et actions publiques face à la succession de déséquilibres inhérents à une situation d'incertitude et d'irréversibilité. L'arbitrage à connotation institutionnelle en cause n'est pas seulement entre règle et choix discrétionnaire, mais aussi entre ajustements drastiques et brutaux ou lents et graduels. Les choix discrétionnaires sont opportuns mais à condition de privilégier une certaine *inertie* face aux déséquilibres. C'est dans cette inertie que se situe la règle.

Plusieurs épisodes de rupture majeure réussie permettent de s'en convaincre, qu'il s'agisse d'un épisode ignoré de l'analyse, celui de la reconstruction réussie des pays européens qui a fait suite aux destructions de la Seconde Guerre mondiale, de ce qu'il est convenu d'appeler le miracle asiatique ou encore du passage de la Chine à l'économie de marché.

L'analyse des conditions de la reconstruction des économies dévastées par la guerre révèle pourquoi des tensions inflationnistes et des déficits commerciaux sont inévitables et nécessaires dans certaines situations, à la fois parce qu'ils font suite à des dépenses nécessaires d'investissement et parce qu'ils sont la condition de leur extinction future (Hicks, 1947). Après la Seconde Guerre mondiale, les économies européennes avaient subi de lourdes destructions de leurs capacités de production. L'offre de main-d'œuvre y était notoirement basse pour des raisons démographiques liées aux conflits mondiaux. Ces économies souffraient non d'une insuffisance de demande, mais d'une insuffisance d'offre de biens de consommation. L'offre supplémentaire de main-d'œuvre, rendue possible par la démobilisation des militaires, ne pouvait pas permettre d'ajouter suffisamment et rapidement à la production de biens de consommation, en raison à la fois de la faible productivité d'équipements anciens et du temps de construction requis pour en produire de nouveaux.

La nécessité du moment était d'investir et de distribuer, en conséquence, des salaires à la main-d'œuvre nouvellement employée. L'inflation ne pouvait manquer de se développer. Une politique monétaire drastique, visant à contrôler les pressions inflationnistes, n'aurait pas été appropriée, car elle aurait réduit le montant des ressources disponibles pour financer les investissements. Bien au contraire, il fallait abonder en liquidité, ce qu'a permis le plan Marshall. En fait, il était approprié d'accepter une hausse (modérée) des prix des biens de consommation. L'inflation acceptée *aujourd'hui*, en favorisant l'investissement, devenait la condition de son extinction *ultérieure*, une fois les nouvelles capacités de production construites. En outre, les importations de biens de consommation permettaient d'atténuer les pressions inflationnistes, et les importations de biens d'investissement, de réduire le temps nécessaire à la création de la nouvelle capacité de production. Ainsi, le déficit commercial est apparu comme un mal *aujourd'hui* nécessaire et comme la condition pour qu'il puisse être éliminé *ultérieurement*. Cette réalité est bien loin du discours convenu sur le rattrapage envisagé comme la simple convergence vers un équilibre de longue période structuré par des technologies importées. Elle est bien loin aussi du discours qui réduit la politique macroéconomique de l'époque à l'activisme budgétaire. La gradualité s'est inscrite dans la gestion des déséquilibres globaux.

Cet épisode singulier, mais significatif, illustre à la fois l'inévitabilité et la nécessité de certains déséquilibres, et l'importance d'établir, en conséquence, une politique économique loin d'être seulement conjoncturelle.

Un autre épisode remarquable concerne le rattrapage spectaculaire opéré par les pays d'Asie du Sud-Est. Leur fort développement ne saurait être expliqué en s'en tenant à l'idée qu'ils ont bénéficié d'un taux d'épargne très élevé. Tout aussi significatifs sont la libéralisation *progressive* du commerce *à mesure* que les industries d'exportation ont créé de nouvelles capacités et de nouveaux emplois, la création d'entreprises efficaces par l'État *précédant* leur privatisation, la libéralisation *graduelle* des marchés de capitaux.

S'agissant, plus particulièrement, du passage de la Chine à l'économie de marché à compter des années 1980, le mode de transition choisi a été essentiellement *lent* et *graduel*. La croissance des gains de productivité n'était possible que dans certains secteurs, pour certains produits, pour lesquels il n'existait pas de demande domestique solvable faute de revenus suffisants perçus par la très grande majorité des travailleurs dont la demande concernait les biens de subsistance et les biens artisanaux. Aussi la seule solution était-elle de rechercher la croissance par les exportations vers les pays développés, donc en s'appuyant sur la demande extérieure, comme l'avait fait précédemment le Japon. Encore fallait-il disposer du *temps nécessaire* non seulement pour bâtir les industries domestiques, mais aussi pour engager, sans destructions excessives et inutiles, le passage d'une économie administrée à une économie de marché, ce qui a été réussi grâce à une libéralisation *progressive* (une forme de gradualisme et d'inertie) incarnée dans l'approche dite de double voie, celle du plan et celle du marché, permettant d'éviter des destructions prématurées ou des pertes excessives et d'ajuster au mieux l'offre et la demande. Le système de prix à deux étages, le prix administré et le prix de marché, a évité les redistributions massives de ressources ainsi que l'inflation galopante qui ont marqué les thérapies de choc en Russie.

On l'aura compris, dans ces différentes situations, l'explication du succès ne se résume pas à l'invocation du rattrapage d'économies en retard conçue comme la convergence vers un équilibre façonné par des technologies auxquelles on accéderait rapidement (et sans coût si l'on se rapporte aux modèles standard de la théorie de la croissance). Ce dont on a besoin, c'est d'une approche *graduelle* de la politique économique dont l'objet est de permettre une coordination pas à pas, *séquentielle*. Rien ne peut être résolu par une action immédiate et brutale. Ce qui est vrai des situations de grand bouleversement, liées à des guerres ou des changements radicaux de système économique, l'est tout autant des situations « normales » des économies de marché aux institutions bien établies, confrontées aux effets de la nouveauté que constituent aussi bien l'apparition de nouvelles technologies que l'ouverture de nouveaux marchés. Le succès des transitions répétées résulte de ce que *le temps propre* de l'action publique est en résonance avec celui de l'action privée. La gestion des dettes et celle des dépenses publiques en sont la meilleure illustration.

Sur le profil temporel des dettes

La question des dettes publiques est récurrente. Leur gonflement constitue une dimension essentielle du déclenchement et du déroulement des crises. Les situations récentes, sur lesquelles nous allons revenir, révèlent, s'il en était besoin, l'interdépendance entre dette privée, dette bancaire et dette publique, et par suite l'incongruité qu'il y aurait à vouloir les contenir, sinon même les éliminer, *simultanément*.

L'attention chez les responsables politiques et nombre d'économistes porte presque exclusivement sur la dette publique. Le discours convenu est de dénoncer le poids que cette dette, devenue excessive, ferait peser sur les générations futures, un discours conforté par l'attitude des marchés financiers. Cette lecture du problème conduit, naturellement, à conclure à la nécessité de réduire dans les *meilleurs délais* la dette publique, impliquant de revenir le plus vite possible à un équilibre des comptes publics. Elle se heurte, pourtant, à plusieurs objections. Des dettes sont transmises aux générations futures, mais aussi les créances, de sorte que derrière la question générationnelle se dissimule une question de répartition qui est de savoir qui sont les débiteurs et qui sont les créanciers, qui seront les futurs contribuables et qui seront les bénéficiaires des remboursements des dettes accumulées, et comment les uns et les autres se comportent. Il va de soi que la situation d'un pays ne sera pas la même suivant que la dette publique est détenue par les résidents (banques centrales, institutions financières, ménages) ou, au contraire, par les non-résidents au comportement plus volatil. En outre, la dette publique détenue par des non-résidents doit être rapportée à la position extérieure nette du pays, c'est-à-dire à la différence entre le stock d'actifs que le pays détient à l'étranger et l'ensemble du passif détenu par l'étranger. Enfin, les dettes servent à financer des dépenses qui peuvent permettre une stabilisation de l'économie ou la constitution d'un patrimoine public utile à la croissance future, ce qui rend normal que les générations futures en paient, en partie, le prix. Aussi y aurait-il quelque pertinence à rapporter la dette publique (un stock) non au flux de produit intérieur brut, mais au stock de capital public existant.

Le véritable problème réside dans la façon dont les différentes dettes, privée, publique, bancaire, s'inscrivent *dans le temps*, c'est-à-dire, avant tout, dans la façon dont leur imbrication structure l'évolution. Différents épisodes majeurs de ces trois dernières décennies témoignent de cette étroite imbrication, qu'ils concernent le Japon, les États-Unis ou les pays européens de la zone euro (Krugman, 2009, 2012 ; Rajan, 2010).

Au seuil des années 1990, l'économie du Japon était caractérisée par un taux d'épargne et un taux d'investissement élevés, un compte courant excédentaire et un surplus budgétaire. Rien ne laissait présager ce qui allait arriver. La hausse de la richesse nette des agents économiques, principalement due à la hausse des cours boursiers et des prix des actifs immobiliers, loin de stimuler la croissance a alimenté des dépenses peu ou non productives au bénéfice de secteurs comme la construction à la productivité relativement faible. La conséquence a été que le Japon a dû faire face à l'éclatement simultané de deux bulles spéculatives, l'une boursière, l'autre immobilière, qui ont grandement affecté son système bancaire qui s'était aventuré dans ces spéculations, mais aussi ses entreprises dont la valeur des actifs a brutalement et grandement chuté. Dès lors, la perspective de revenus futurs provenant des investissements courants ne justifiait pas la demande effective des ressources courantes requises par ces investissements. Les politiques économiques alors mises en œuvre, inspirées des thèses keynésiennes, ont conduit à financer massivement des projets publics plus ou moins utiles. Elles ont sans doute atténué les effets déflationnistes de la crise, mais ont eu pour conséquence tangible une forte hausse de la dette publique qui a découragé de poursuivre dans la même direction. Ces dépenses étaient censées avoir un fort effet multiplicateur sur l'activité en permettant aux travailleurs sous-employés de signaler une demande solvable de biens et de services domestiques. Or le problème du Japon était plus complexe.

La difficulté essentielle est venue du fait que les entreprises ne pouvaient pas et, plus tard, ne voulaient pas acheter *dans l'immédiat* les services des facteurs nécessaires pour produire des biens disponibles *ultérieurement*. L'état des banques ne leur permettait pas de prêter. Or le gouvernement du Japon ne s'est pas soucié, initialement, de rétablir les bilans bancaires. Ce n'est que sept années après le début de la crise, suite à la défaillance de nombre d'établissements bancaires, qu'il s'est décidé à les recapitaliser. Quand ces établissements se sont en partie rétablis, nombre d'entreprises avaient des bilans dans un tel état qu'elles n'étaient pas à même d'emprunter (Koo, 2009 ; Leijonhufvud, 2009). La politique de bas taux d'intérêt pratiquée immédiatement par la Banque centrale ne pouvait en rien contrarier les défaillances enregistrées une fois que le système de crédit s'était affaissé. L'économie était tombée dans une trappe à liquidités. La régression des projets d'investissement à long terme résultant, en partie, du vieillissement de la population a fini par dominer. La dette publique a atteint des sommets, sans pour autant faire craindre une insolvabilité du gouvernement, dès lors qu'elle était détenue par des résidents, mais sans permettre une véritable relance de la croissance.

Les événements propres aux États-Unis ont été quelque peu différents. À compter des années 1980, la Réserve fédérale a encouragé la distribution de crédits en diminuant son taux d'intérêt. Elle a ouvert la voie à la titrisation des créances bancaires, au développement de certains types de créances hypothécaires (ou *subprimes*). Elle a poussé au regroupement de la banque d'investissement et de la banque commerciale. Forte de ce que ces mesures n'engendreraient pas de tensions inflationnistes.

Dans ce contexte, l'envolée des cours boursiers des valeurs technologiques a, certes, traduit les gains substantiels de productivité obtenus grâce à l'exploitation des nouvelles technologies. Mais elle s'est aussi conclue avec l'éclatement de la bulle Internet en 2000 traduisant le désalignement entre l'investissement et la consommation à la façon dont Hayek percevait l'origine des crises.

Par la suite, les faibles taux d'intérêt, qui ont été maintenus après le krach des valeurs technologiques dans le but louable d'éviter une dépression, ont entraîné les institutions financières à rechercher des rendements élevés dans une activité de transformation de maturité impliquant un endettement de plus en plus élevé des ménages et un recul de la qualité des crédits consentis.

Le taux d'inflation était contenu en dépit de cet endettement croissant des ménages. Au vu de la règle monétaire, il n'y avait donc pas lieu d'augmenter le taux d'intérêt. L'application stricte de la règle monétaire n'a, cependant, pas empêché le déficit budgétaire de se creuser. La foi dans les vertus de la règle et la mauvaise appréciation des véritables causes des variations de prix ont masqué le caractère insoutenable de la dette privée et empêché de s'attendre à l'éclatement d'une crise financière.

Une répartition des revenus de plus en plus inégalitaire a fait que les ménages les moins riches ont eu recours à l'endettement pour financer leurs achats tandis que les ménages les plus riches utilisaient leur excédent d'épargne à acheter des actifs financiers et immobiliers, alimentant la hausse de leurs prix. Il en est résulté une inflation du prix des actifs financiers et immobiliers.

La crise financière qui s'est ensuivie a d'abord été une crise bancaire. Les banques se sont trouvées en difficulté pour être devenues excessivement endettées et vulnérables à une chute de la valeur de leurs actifs. Le doute à propos de leur solvabilité a créé un autre problème, un problème de liquidité. Les banques, de manière récurrente, doivent pouvoir s'approvisionner en liquidités sur le marché monétaire en tant que de besoin. Mais cela n'est possible qu'à la condition que prêteurs et emprunteurs aient confiance dans leurs solvabilités respectives, ce qui n'a plus été le cas avec la crise. Le gouvernement a dû venir au secours des banques au prix d'une augmentation de la dette publique.

La crise plus spécifiquement européenne est survenue au début des années 2010 quand les détenteurs de capitaux sont devenus réticents à prêter aux banques et aux gouvernements des pays déficitaires, mettant en péril leur viabilité. Les gouvernements n'ayant pas la possibilité de faire appel à un prêteur en dernier ressort et la dévaluation étant devenue impossible, les conditions étaient réunies pour que se déclenche une crise de la dette. Cette crise a été amplifiée du fait que les craintes quant à la solvabilité des banques ont attisé celles sur la solvabilité des gouvernements et *vice versa*, rendant la situation très instable : la dette souveraine détenue par les institutions financières les fragilisait, rendant ainsi nécessaire une intervention de l'État ; celle-ci, à son tour, augmentait la dette publique, rendant les institutions financières qui la détenaient encore plus fragiles. Comme nous l'avons vu plus haut (chapitre 2), cette arithmétique a été à l'origine de mesures d'austérité imposées aux pays périphériques de la zone euro qui ont provoqué une nouvelle chute de l'activité et un nouveau creusement du déficit budgétaire. Les coupables désignés ont été les banques et les gouvernements, dettes bancaires et dettes publiques se confortant mutuellement.

Ces différents épisodes révèlent que la croissance est apparue de plus en plus gourmande en crédits pour au moins deux raisons : l'augmentation de la part de l'immobilier dans le montant total des crédits et l'accroissement des inégalités ayant conduit les classes moyennes, voire inférieures à emprunter pour maintenir leur niveau de demande. L'accroissement du taux d'endettement n'a soutenu ni l'investissement productif ni donc une croissance forte et durable. Ne s'étant pas traduit par une inflation excessive, il n'a pas inquiété les banques centrales fidèles au consensus en vigueur, qui continuaient de retenir comme seul signal le taux d'inflation et de s'appuyer sur des modèles ignorant la possibilité même d'une instabilité financière, faisant porter l'anathème sur la création monétaire du fait des gouvernements sans se soucier de l'importance de la dette privée et de ses répercussions sur la dette bancaire et sur la dette publique.

Or un endettement privé excessif est la principale faille mise en évidence par les crises. La raison en est que les acteurs fortement endettés doivent faire face à des contraintes différentes de celles auxquelles sont soumis les acteurs peu endettés. Les ménages aux revenus faibles et moyens qui entendent maintenir leur niveau de consommation empruntent aux ménages riches, mais sont soumis à un plafond de dette. Si ce plafond est soudainement diminué, ces ménages se trouvent contraints de se désendetter et donc de diminuer leurs dépenses. Plus ce choc est grand, plus le revenu global et les prix sont susceptibles de baisser. Si tel devait être le cas, l'offre globale diminuerait avec le niveau général des prix, mais la demande globale diminuerait également dans la mesure où une baisse des prix accroît la valeur réelle des dettes, entraînant les emprunteurs à réduire encore leurs dépenses.

Dans une telle situation, une hausse de l'endettement public pour couvrir une hausse du déficit public permet d'éviter chômage et déflation, quand les acteurs privés fortement endettés doivent rétablir leurs bilans. Une politique monétaire qui engendrerait une hausse des anticipations d'inflation et allégerait, de ce fait, le poids de la dette permettrait de contrecarrer les effets récessifs du désendettement. Il en serait de même des baisses d'impôts et d'une hausse des dépenses publiques de transfert au bénéfice des ménages contraints par cette dette.

La question ne saurait, cependant, être circonscrite au court terme et ne concerner que l'écart de production courant (*output gap*). Ce qu'il importe de savoir, c'est si la croissance sera soutenue à long terme. D'autant qu'à terme, si le taux d'intérêt sur les obligations publiques reste inférieur au taux de croissance, le ratio de la dette publique sur le produit intérieur brut ne peut que diminuer.

La situation à laquelle sont aujourd'hui confrontées les économies développées est, de ce point de vue, inédite (chapitre 2). Après une décennie de mesures non conventionnelles, les taux d'intérêt sont à un niveau plancher, y compris les taux longs. Ce niveau est, certes, le résultat de l'action des banques centrales, mais il traduit aussi le manque de confiance des entreprises quant à la croissance future. Contrairement à ce qui s'était produit dans les années 1930, suite aux mesures de soutien, l'endettement public a (heureusement) augmenté, et les taux d'intérêt ont fortement diminué, devenant quasi nuls ou même négatifs, ce qui a permis d'enrayer la dépression. L'économie n'en a pas, pour autant, été relancée. Non seulement les entreprises ne se sont pas toujours désendettées, mais, profitant de taux d'intérêt bas et jouant sur l'existence d'effets de richesse, elles se sont endettées pour un mauvais motif : acheter des titres sur le marché financier, à commencer par leurs propres actions afin d'en soutenir les cours plutôt que de réaliser des investissements productifs.

On revient ainsi à l'interrogation générale sur les facteurs qui soutiennent la croissance et concourent à accroître la productivité. Ou bien l'on estime que les nouvelles technologies ne sont pas porteuses de gains de productivité significatifs et l'on attribue à ce facteur exogène la possibilité d'une stagnation séculaire. Ou bien l'on maintient qu'il convient de créer les conditions d'une réduction des effets de l'incertitude de façon à entraîner les entreprises à investir à long terme. Comme nous le verrons (chapitre 8), ces conditions relèvent largement de politiques structurelles touchant l'organisation des entreprises et des marchés ainsi que de la finance. Ce qui n'exclut pas de s'interroger sur la nature de la dépense publique et ses effets sur la dépense privée d'investissement, non pas tant pour parler d'éviction de l'une par l'autre que pour faire valoir la nécessité de leur complémentarité intertemporelle.

Si la hausse de la dette publique est utile et nécessaire pour faire face au risque de dépression cumulative, encore faut-il que le gouvernement soit solvable sur la longue période, autrement dit que cette hausse s'inscrive dans une séquence où les entreprises seront de nouveau incitées à investir parce qu'elles auront pu rétablir leurs bilans, mais aussi parce qu'elles pourront tabler sur une demande solide dans le futur.

Sur les effets temporels de la dépense publique

Dans la vulgate keynésienne, les variations de la dépense publique agissent instantanément sur le revenu et sur l'emploi *via* un effet multiplicateur généralement présenté comme un mécanisme convergent. La réalité de ce phénomène demeure contestée sur un plan théorique comme sur un plan empirique. Aussi importe-t-il d'en clarifier d'entrée la nature.

Dans une économie censée converger vers un équilibre de longue période, une variation du revenu courant induite par ce type de dépense, qui l'en éloignerait dans un sens ou dans l'autre, n'a, par définition, pas d'effet durable sur le niveau d'activité. Logiquement, il ne peut y avoir d'effet multiplicateur.

En revanche, dans une économie hors de l'équilibre, quand les échanges prennent place à des prix de déséquilibre, les individus, contraints dans leur offre, formulent des demandes qui, au lieu de répondre à des prix présumés optimaux, sont possiblement affectées par ces contraintes et donc par les revenus courants. De là l'existence d'un effet multiplicateur, plus ou moins élevé, qui voit s'enchaîner *séquentiellement* variations de revenu et variations de demande (Tobin, 1993 ; Howitt, 2006, 2008). Un tel enchaînement de déséquilibres peut prendre toutes sortes de directions, être amorti ou explosif, suivant les contraintes auxquelles sont soumis les ménages et les entreprises.

Ce multiplicateur a eu, au cours des années 1950 et 1960, des valeurs beaucoup plus faibles que celles supposées par la théorie keynésienne. Il y avait deux raisons à cela afférant au changement structurel substantiel enregistré à cette époque (Tobin, 1993). La première est l'introduction de stabilisateurs automatiques de nature fiscale et sociale rendant les dépenses courantes moins sensibles aux variations des revenus courants. La seconde raison est l'élargissement de l'horizon temporel des agents grâce à des marchés de capitaux plus performants et, plus généralement, en raison d'une plus grande confiance dans les anticipations sur la demande future, laquelle est largement redevable de l'engagement du gouvernement à lisser les fluctuations. Rapporter la consommation au revenu permanent avait un sens. L'économie restait au voisinage d'un équilibre de longue période caractérisé par un taux de croissance régulier. Encore fallait-il savoir pourquoi. On en revient aux causes de la stabilité.

De fait, la valeur du multiplicateur dépend du positionnement de l'économie suivant qu'elle est ou non dans un corridor de stabilité (Leijonhufvud, 1973 ; Howitt, 1978). Ainsi, un choc déflationniste déclenche deux mouvements contraires. D'un côté, l'excès d'offre provoque une baisse des prix susceptible de faire augmenter la demande en supposant qu'il ne s'ensuit pas un alourdissement du poids des dettes. D'un autre côté, l'accumulation involontaire de stocks, la hausse du chômage et le déclin des revenus anticipés provoquent, *via* un effet multiplicateur, une chute supplémentaire de la demande globale. Ce qui arrive, en fin de compte, dépend de la force respective de ces mouvements contraires. Leijonhufvud défend l'idée que, si le déplacement initial est de faible magnitude, l'effet des baisses (modestes) de prix devrait l'emporter sur l'effet multiplicateur. L'économie demeure dans un corridor de stabilité. L'inverse se produit si le déplacement initial a une magnitude qui dépasse un certain seuil. Dans cette affaire, les anticipations ont de l'importance, mais, sans doute, ce sont les stocks réels et financiers involontairement accumulés qui jouent le rôle décisif.

Ce rôle est ambivalent. L'existence de stocks tampons (monétaires et financiers) aide, sans conteste, à maintenir l'économie dans un corridor de stabilité. Elle permet que les dépenses soient maintenues, alors que le revenu courant diminue. Mais un gonflement du poids des dettes du fait de la baisse des prix entraînant des faillites d'entreprises peut, à l'inverse, faire sortir de ce corridor de stabilité. L'endettement des ménages peut, un temps, pallier la stagnation, voire la diminution, des revenus courants, auquel cas la valeur du multiplicateur est faible. Mais le caractère insoutenable de la dette accumulée et le fort désendettement qui s'ensuit ne peuvent que déclencher un effet multiplicateur, de valeur négative, d'autant plus fort que la chute du revenu courant et la contrainte de solvabilité sont elles-mêmes fortes.

Le déroulement de la séquence engagée dépend des institutions et des comportements. Une austérité budgétaire déclenchée à contre-courant ne peut qu'induire une aggravation de la situation. Compte tenu des engagements sociaux contractés dans le cadre de l'État providence, la récession peut entraîner un surcroît de dépenses de protection sociale qui se fera au détriment des dépenses publiques d'investissement productif si le gouvernement persiste dans l'acceptation de règles budgétaires contraignantes. Sous la pression de mouvements sociaux, l'austérité peut aussi céder la place à un laxisme budgétaire au risque de provoquer un endettement public accru. L'économie peut se trouver, à différents degrés, piégée dans des enchaînements pervers.

De telles séquences, qui peuvent être bien réelles, laissent dans l'ombre la question de la relation entretenue entre l'investissement public et l'investissement privé, une relation forcément inscrite dans le *temps*, qu'il serait malencontreux de réduire à la possibilité d'un effet d'éviction alors que c'est de leur complémentarité qu'il faut aussi parler.

Les différences de valeur du multiplicateur, élevée en période de récession et faible en période d'expansion, ou plutôt élevée en réaction à la baisse des dépenses et faible en réaction à leur hausse, tiennent à ce que la destruction de capacité de production a des effets immédiats alors que sa création prend du temps. Les politiques d'austérité sont dommageables en période de récession, mais le rebond n'est pas, automatiquement, au rendez-vous de nouvelles dépenses, faute qu'il existe une capacité de production immédiatement disponible. La reprise de l'activité s'avérera longue et difficile à venir après une récession forte et prolongée eu égard au vieillissement du stock de capital, à sa destruction partielle et aux ruptures intervenues dans la chaîne des investissements successifs. Cet obstacle au jeu de l'effet multiplicateur à la hausse est l'objet de la critique formulée par Hicks de la pensée keynésienne au seuil des événements qui allaient l'emporter à l'époque faute de considérer l'offre en même temps que la demande (Hicks, 1974, p. 9-30).

Suivant la théorie élémentaire du multiplicateur, suite à une demande initiale d'investissement, les travailleurs nouvellement employés reçoivent des salaires qu'ils vont dépenser en achats de biens de consommation susceptibles de stimuler la production de ces mêmes biens, de nouvelles embauches et une nouvelle distribution de revenus. La concrétisation de ce mécanisme dépend, toutefois, de l'état des stocks et des comportements induits. Si les producteurs de biens de consommation procèdent à une diminution de leurs stocks, l'effet sur l'emploi de la dépense initiale s'en trouve affaibli. Certes, les producteurs de biens de consommation sont incités à reconstituer leurs stocks, mais leur réponse peut ne pas être immédiate. Des *délais de réaction au signal*, parfois considérables, peuvent exister qui affectent sinon le résultat final sur le revenu et l'emploi, du moins la rapidité avec laquelle il est obtenu.

Il en est des biens intermédiaires comme des biens de consommation. L'investissement initial exige des entreprises réceptionnaires de la demande supplémentaire de disposer de davantage de biens intermédiaires. En l'absence de stocks disponibles de ces biens, la production qui correspond à la demande initiale est bloquée et, avec elle, la création d'emplois. Des biens intermédiaires supplémentaires doivent être produits et cela *prend du temps*. À défaut, il faut les soustraire d'autres productions. S'il s'agit de la production de biens d'équipement, il y a simplement substitution d'un investissement à un autre. S'il s'agit de la production de biens de consommation, la production et l'emploi dans ce secteur sont réduits. Dans les deux cas, l'effet sur le revenu et sur l'emploi est annihilé. Dans une économie ouverte, échapper à ce dilemme est possible en important des biens intermédiaires ou des biens de consommation. Un déficit extérieur s'ensuit, lequel peut n'être que transitoire, le temps que les nouvelles capacités productives soient construites. Dans ce dernier cas, l'effet sur le revenu et sur l'emploi peut être faible (voire nul) à court terme, mais devenir significatif à long terme.

La reconstitution des stocks et la construction de nouvelles capacités de production procèdent de réactions dont il a été indiqué qu'on n'en connaissait *a priori* ni l'ampleur ni le moment. Une autre variable intervient alors, qui commande le comportement des entreprises : leur capacité financière. Un endettement excessif est manifestement la cause d'un allongement des délais. Globalement, dans un premier temps, l'épuisement des stocks d'actifs financiers et le montant excessif des dettes accumulées, que renforcent des anticipations pessimistes, expliquent l'entrée en récession et l'aggravation progressive de cette dernière. Dans un second temps, le nécessaire rétablissement des bilans rend plus difficile la relance de l'activité par une stimulation de la demande dans la mesure où non seulement l'offre n'est pas disponible, mais les moyens financiers de la produire ne sont pas non plus disponibles.

De ces considérations, il ressort qu'il existe des obstacles à la relance qui tiennent à l'absence ou à l'insuffisance des stocks disponibles de biens intermédiaires, de biens d'équipement et de biens de consommation résultant, d'une part, de destructions opérées pendant la période de récession et liées à la *durée* éventuellement longue de celle-ci, d'autre part, des *délais de réaction* des entrepreneurs en réponse aux variations de demande. Il existe un paradoxe apparent. L'offre est, certes, contrainte par la demande (insuffisance des débouchés). Mais une relance par la demande se heurte au manque possible de stocks réels et de capacité financière. Les effets s'en trouvent sinon sérieusement affaiblis, du moins retardés.

Tout dépend alors de la façon dont sont déterminés les investissements induits par une dépense initiale, privée ou publique. Poser cette question revient à rappeler que ce qu'il advient du revenu et de l'emploi dépend de l'interaction entre multiplicateur (l'effet d'une variation de l'investissement sur le revenu) et accélérateur (l'effet d'une variation du revenu sur l'investissement). Les choses sont toutefois plus complexes que ne le montrent les vieux modèles de cycle de Samuelson, Kaldor ou Hicks, retenant cette interaction comme moteur principal des trajectoires suivies.

Comme nous l'avons analysé plus haut (chapitre 4), l'incitation à investir repose sur la capacité des entreprises à maîtriser la conjonction de deux *délais*, celui de la gestation de l'investissement et celui de l'acquisition de l'information de marché. Ces délais sont d'autant plus élevés que les investissements induits portent sur de nouveaux matériaux ou de nouveaux biens et véhiculent de nouvelles technologies, rendant leur maîtrise d'autant plus délicate. Les entrepreneurs doivent s'assurer de la réalité des demandes futures qui restent, pour une part, latentes et de la qualité des investissements à réaliser. Cela peut les conduire à reporter leurs décisions dans l'attente de plus d'information, préservant ainsi la gamme des choix futurs éligibles, mais avec pour effet de réduire l'impact sur le revenu et sur l'emploi. Ils ne s'engageront qu'à la condition de pouvoir effectuer des *anticipations fiables* dont nous avons vu qu'elles étaient conditionnées par des modes de gouvernance spécifiques, lesquels relèvent de l'organisation des entreprises et des marchés, autrement dit de données structurelles.

Il apparaît ainsi que le déficit public ne peut pas être en lui-même la solution quand le résultat dépend du comportement d'investissement des entreprises. Un tel déficit n'est opportun (et non inflationniste) dans *l'immédiat* que parce que l'endettement public fait pièce au désendettement privé. Il n'a d'efficacité *dans le temps* qu'en raison de la qualité des investissements publics et de leur effet d'entraînement, qui aident à rendre crédible pour les entreprises de s'endetter pour investir à long terme sans que cela produise à terme de tensions inflationnistes, et toujours à condition de bénéficier d'un capital patient. Reste que les investissements publics, dont les rendements sont forcément lointains, peuvent être empêchés par les marchés financiers qui, en faisant augmenter les taux d'intérêt sur la dette publique, jouent le court terme contre le long terme.

CHAPITRE 8

La maîtrise structurelle du temps

Suivant le consensus néolibéral, les réformes structurelles viennent en complément des politiques macroéconomiques visant la neutralité budgétaire et monétaire (chapitre 1). Elles sont censées favoriser la croissance en imposant davantage de flexibilité sur les marchés de biens et du travail. Elles vont de pair avec le développement des marchés d'action opérant au détriment de l'intermédiation bancaire classique ainsi qu'avec une gouvernance actionnariale des entreprises axée sur leurs performances immédiates.

Suivant notre analyse, le risque de dualisme et d'instabilité que véhiculent ces réformes (chapitre 6) conduit à plaider pour des politiques structurelles qui s'inscrivent *dans le temps* et promeuvent des formes d'organisation qui permettent aux entreprises de se projeter à long terme en ayant une certaine garantie de surmonter les difficultés inévitables à court terme. Elles concernent les conditions de concurrence ainsi que l'organisation du système financier. Elles viennent en complément des politiques macroéconomiques d'ajustement graduel.

Dans ce contexte, ce serait une faute que de laisser les entreprises jouer de la concurrence sociale ou fiscale auxquelles les États se rangeraient. La mise en œuvre des règles en ces matières ne saurait être déléguée à l'entreprise. Une hiérarchie des normes est indispensable, au sommet de laquelle se trouvent celles édictées par la puissance publique, seules à même de permettre aux entreprises de produire les leurs et de se projeter ainsi à long terme.

Substituer aux réformes structurelles, dans leur acception usuelle, des politiques structurelles, dont l'objet est de rendre fiables les anticipations et de prévenir des mouvements erratiques de court terme, peut prendre des formes institutionnelles diverses qui sont un héritage culturel, historique et politique. Plusieurs variétés de capitalisme sont éligibles en lieu et place de la variété unique promue en application du consensus dès lors qu'elles participent du même objectif de viabilité à long terme.

Entreprises et marchés

Un large consensus doctrinal met l'accent sur la nécessité de réduire les imperfections de marché, lesquelles sont définies par rapport à une cible, la concurrence parfaite, un état *a-institutionnel* et *atemporel*. La périodisation des événements est ignorée pour laisser la place à la référence à un équilibre intertemporel résultat d'une optimisation qui tient lieu de fondement microéconomique. Introduire l'hétérogénéité des agents sous couvert de réalisme ne change rien au fait que, dans ce type d'analyse, chacun d'entre eux a un comportement contraint par l'exigence de réalisation de cet équilibre (Howitt, 2008). La politique de régulation, que l'on appellera aussi structurelle, est, alors, réduite à créer un environnement produisant les mêmes effets que la pleine concurrence là où elle ne joue pas spontanément, à retenir des mesures réglementaires ou institutionnelles visant à s'approcher au plus près de l'état de concurrence de référence, qu'il s'agisse des règles des marchés de travail, de la définition de dispositifs en matière de droit de la concurrence relatifs au contrôle de la concentration, aux abus de position dominante ou aux fusions et acquisitions, ou de la mise en place d'autorités administratives indépendantes censées réguler et contrôler l'activité dans leur domaine de compétences.

La théorie ici privilégiée s'inscrit dans un projet de société qui veut que l'on confie à des experts le soin de décider à raison de leur connaissance des ressorts de l'économie idéale de marché. L'objectif assumé est de tenir les institutions à l'écart des passions populaires, des intérêts catégoriels, des mouvements d'opinion. Il est, alors, question de lois naturelles auxquelles doivent se rapporter les règles régissant le fonctionnement des marchés, dont le respect est censé garantir l'harmonie des intérêts. Au risque que les désordres que l'application des principes d'une théorie hors du temps suscite ces passions politiques et conflits catégoriels que l'on pensait, au contraire, avoir écartés.

Notre analyse, d'essence évolutionnaire, met, au contraire, l'accent sur l'autonomie et l'intelligence des agents dont l'action obéit à des *conventions* au lieu de se rapporter à une optimisation garantissant *ex ante* la réalisation d'un équilibre. Les difficultés de coordination viennent sur le devant de la scène et avec elles la dimension institutionnelle et temporelle des forces génératrices de stabilité (ou d'instabilité) (Howitt, 2008). Il s'agit naturellement des forces du marché, mais d'un marché « normalement » imparfait dans les termes habituellement convenus, en fait d'un marché organisé, perclus de ces connexions de marché qui lient les entreprises entre elles et favorisent l'innovation en permettant d'étendre leur horizon décisionnel.

L'exigence de coordination intertemporelle *en séquence* justifie ces connexions (chapitre 4). La question n'est pas de rendre l'information plus transparente, ce que sont censées permettre une plus grande fluidité ou flexibilité des marchés, une plus grande mobilité des ressources humaines qui se dirigeraient plus rapidement vers les usages les plus performants. Elle est de *créer* l'information pertinente, en fait de créer le marché. Une *relative immobilité* des ressources est nécessaire pour cela. Il s'agit d'éviter deux écueils opposés : une immobilité, qui prévient toute adaptation aux changements intervenus dans l'environnement, tout comme une mobilité totale et immédiate dont le corollaire est possiblement des destructions infondées de capacité génératrices de chaos. Il s'agit d'aider à la *création*, de permettre aux entreprises d'avoir le *temps nécessaire* pour *construire* nouveaux marchés et nouvelles capacités et d'éviter des ajustements brutaux et rapides. Les entreprises ont, d'ailleurs, ce souci de viabilité quand elles décident de se déplacer vers de nouveaux segments d'activité en s'assurant de disposer de compétences voisines de celles nouvellement requises.

Dans ces conditions, les politiques de la concurrence à mettre en œuvre n'ont pas à se référer à des structures de marché cibles. Elles doivent être conçues de manière à renforcer la capacité des entreprises à maîtriser le temps qui leur est nécessaire pour mener à leur terme des opérations d'investissement en rapport avec l'état futur des marchés. Elles n'ont pas à se fixer sur de présumées imperfections qu'il faudrait corriger. Ces imperfections sont parties intégrantes et nécessaires de la production et de la dissémination de la connaissance dans une économie de marché. Ce sont des caractéristiques naturelles du processus de destruction créatrice (Schumpeter, 1941 ; Metcalfe, 1998).

Ce qui s'apparente à des contraintes ou à des restrictions, que l'on dénonce trop souvent en ayant une perception statique, encourage les innovations plutôt que de les entraver. « Il n'y a pas plus de paradoxe dans cette affirmation que dans celle qui consiste à dire que les automobiles parce qu'elles sont équipées de freins roulent plus vite que si elles en étaient dépourvues » (Schumpeter, 1941, p. 88-89).

Cette thèse ne consiste pas à s'opposer à toute réglementation visant les pratiques anticoncurrentielles, « elle montre qu'il n'existe pas de motif général de démembrement sans discrimination des trusts ou de poursuite judiciaire à l'encontre de tout ce qui peut constituer une entrave au commerce » (*ibid.*, p. 91).

Cette thèse ne se comprend que si l'on considère qu'« un degré de concentration qui serait parfaitement compatible avec un degré de concurrence raisonnable si le marché était en équilibre pourrait facilement ne pas l'être aussi en cas de forte inégalité entre l'offre et la demande » (Arrow, 1959, p. 48-49). Ce qui est vrai des déséquilibres courants l'est tout autant des déséquilibres *futurs* de marché. Ce n'est que si ces déséquilibres sont forts qu'un pouvoir de marché nuisible peut être exercé. S'ils sont réduits, c'est en raison de connexions de marché qui rendent les investissements concurrents compatibles entre eux sans, pour autant, éliminer la concurrence. Un pouvoir existe, en l'occurrence un pouvoir de *négociation* et de *coordination* qui concerne non la fixation des prix, mais l'innovation et l'investissement. Comme nous l'avons vu (chapitre 4), ce pouvoir réside dans la capacité de mettre en place les arrangements organisationnels susceptibles de rendre fiables les anticipations à long terme, d'éviter de mauvais investissements et le gaspillage des ressources.

La politique de la concurrence ne peut être, dans cette perspective, que l'expression d'arbitrages permanents dont l'objet est de désigner celles des pratiques monopolistes qui sont requises et celles qui doivent être combattues, ou même de dire à quel moment des pratiques données sont requises et à quel autre moment elles sont néfastes, avec pour but de garantir la viabilité des stratégies d'innovation. Ces pratiques constituent, certes, des restrictions attentatoires à la liberté d'entreprendre. De manière générale, « bien que les coutumes, les conventions et les lois restreignent elles-mêmes la liberté, elles constituent néanmoins au pire un mal tout à fait nécessaire » (Richardson, 1960, p. 69).

En matière de concentration, en formulant des injonctions de cessions d'actifs, les autorités de la concurrence doivent faire la part entre les actifs nécessaires aux entreprises pour préserver leurs options de croissance et ceux qui ne le sont pas, plutôt que de se référer uniquement à la structure de marché. En matière de restrictions verticales, elles doivent distinguer entre celles qui rendent possibles les investissements porteurs d'innovations et celles qui sont préjudiciables aux concurrents. Il en est ainsi du jugement porté sur les pratiques d'exclusivité dont les producteurs font bénéficier les distributeurs de leurs produits. Elles seront justifiées quand la vente des produits est subordonnée à la réalisation d'investissements spécifiques par les distributeurs, rendant crédible de les engager. L'exclusivité est le moyen de sécuriser ces investissements, en leur donnant le temps nécessaire aux distributeurs pour récupérer les sommes avancées, à défaut de quoi ils ne s'engageraient pas. Elle est aussi le moyen pour les producteurs de sécuriser leurs propres investissements en ayant une garantie temporaire de leurs débouchés.

Dans un même ordre d'idées, la politique industrielle *stricto sensu* n'a pas à se conformer à des exigences concurrentielles immédiates, pas plus, d'ailleurs, qu'à promouvoir des champions nationaux. Elle doit favoriser la formation de réseaux d'entreprises intervenant dans les deux registres de la concurrence et de la coopération entre elles, favorisant ainsi les investissements à long terme. Le soutien à la constitution de pôles géographiques, conçus pour encourager l'innovation, en est un exemple si les aides directes consenties sont subordonnées à une exigence de coopération entre entreprises concurrentes ou complémentaires, entre grandes et petites entreprises, entre entreprises et laboratoires publics de recherche. Les grands programmes technologiques en sont un autre s'ils ne privilégient pas un petit nombre d'entreprises établies, en général de grande taille, au détriment de la variété des acteurs et de la concurrence (Metcalfe, 1998, p. 115-117).

Banques et marchés financiers

La question classique en matière de financement concerne les conditions les mieux à même d'orienter l'épargne vers les investissements productifs, sachant que les épargnants ne souhaitent pas être engagés à long terme au contraire de ce qu'attendent les entreprises. Cette question est devenue aiguë dans des économies menacées de stagnation, quand continuent de croître des achats d'actifs financiers sans que cela ne corresponde au financement d'investissements productifs. Le débat est alors posé de la place qui doit être faite respectivement aux marchés financiers et à l'intermédiation bancaire dans le financement de l'économie. Pour certains, il est important de développer les marchés financiers, alors que, pour d'autres, il convient d'en rappeler les faiblesses et de reconnaître l'efficacité d'une intermédiation bancaire.

Cet arbitrage est opéré, actuellement, par les autorités européennes, avec le souci de rompre le cercle vicieux entre dette des banques et dette des gouvernements nationaux, impliquant d'édicter des règles strictes pour prévenir toute dérive budgétaire, de placer les gouvernements sous une surveillance indépendante renforcée, d'intégrer les marchés financiers et de permettre aux intermédiaires financiers d'étendre leur champ d'activité hors des frontières nationales en développant des activités de marché.

Pour ces raisons et au nom de la conviction que les marchés financiers sont mieux placés que les banques « traditionnelles » pour allouer efficacement les ressources financières, la proposition formulée par les économistes experts est qu'il faut accroître la profondeur et la liquidité des marchés de titres en les unifiant et inciter à la titrisation des crédits bancaires octroyés aux petites et moyennes entreprises afin de permettre à celles-ci d'avoir accès à davantage de moyens financiers. À l'appui de cette proposition est invoquée, en négatif, la sensibilité plus forte des prêts bancaires à la crise ou, si l'on préfère, leur plus forte volatilité comparée à celle du financement par emprunts sur les marchés ainsi que l'effet restrictif de la réglementation prudentielle des banques sur leur capacité à prêter aux petites et moyennes entreprises.

Étant donné le rôle joué par les banques « universelles » en tant qu'acteurs majeurs sur les marchés financiers, un rôle qui ne peut que s'accroître, cette solution implique de réformer l'organisation bancaire elle-même afin de renforcer les exigences prudentielles, de mieux protéger les déposants et de fixer des règles de gestion des banques défaillantes afin notamment de faire supporter les pertes à leurs actionnaires. Ce à quoi concourt l'initiative de créer une Union bancaire européenne et à quoi doivent répondre le mécanisme de surveillance unique, le mécanisme de résolution unique et le projet d'un système européen de garantie des dépôts.

Si complexes que soient ces préconisations d'un point de vue technique, elles s'inscrivent dans une analyse monétaire et budgétaire singulièrement classique. Il convient que les gouvernements ne puissent plus s'appuyer sur le système bancaire pour financer leurs déficits et que les banques deviennent peu ou prou des acteurs anonymes sur les marchés financiers. L'endettement public n'est jamais rapporté à l'endettement des entreprises ou des ménages. Il est systématiquement jugé néfaste passé un certain seuil, sans justification sérieuse. La discipline imposée par les marchés financiers doit prévaloir en toutes circonstances. En fait, il s'agit toujours de se référer à un équilibre de long terme et de s'assurer d'en être aussi proche que possible avec cette implication paradoxale déjà dénoncée de privilégier les décisions basées sur des indicateurs de performance immédiate et à effet immédiat.

Il s'agit, explicitement, de lever tout obstacle à la mobilité du capital, d'effacer les frontières nationales, dans la perspective d'allouer l'épargne là où elle est le plus efficace, de permettre aux détenteurs de capitaux d'accéder à une meilleure diversification des risques et, implicitement, d'inciter davantage aux réformes structurelles en donnant plus de poids aux actionnaires dans la stratégie des entreprises.

Aucune distance n'est prise avec la théorie moderne des marchés financiers, laquelle repose sur les hypothèses d'efficience de ces marchés et d'anticipations rationnelles constitutives de châteaux en Espagne (Frydman et Goldberg, 2011, p. 81-102). Ces hypothèses justifient qu'il existe des prix d'équilibre des actions correspondant aux valeurs fondamentales et toujours mis à jour dès lors que les aléas qui frappent les prévisions individuelles se compensent et que des arbitragistes garantissent cette mise à jour. L'information sur les fondamentaux est réputée *immédiatement* disponible. C'est évidemment ignorer que cette information n'est découverte qu'avec le *temps* par les entreprises engagées dans un processus d'innovation et confrontées à une *incertitude radicale.*

Le problème vient de ce que « des marchés d'actions raisonnablement liquides permettent aux épargnants de financer des investissements de long terme sans bloquer l'épargne dans la durée [alors que] la liquidité du marché réduit le besoin d'analyse approfondie des perspectives d'investissement à long terme et incite les investisseurs à se focaliser sur l'anticipation des tendances du marché à court terme » (Turner, 2015/2017, p. 81). De fait, les épargnants ultimes ne participent à des investissements productifs que sous la condition que les intermédiaires arbitrent en leur faveur. Ce ne sera pas le cas si ces intermédiaires sont eux-mêmes dans la position d'échanger les titres à haute fréquence, c'est-à-dire si les marchés sont très liquides. Le problème que pose le développement de la banque de marché est qu'elle a cette vision à court terme qu'elle va pouvoir imposer aux entreprises.

Aussi, plutôt que de procéder à la promotion des marchés d'actions, la proposition alternative consiste à reconstituer une intermédiation bancaire classique dans la perspective non seulement de pallier les risques de crises bancaires faisant suite à des crises financières, mais aussi de garantir des *engagements* financiers longs seuls susceptibles de garantir une croissance portée par des investissements à long terme porteurs de gains de productivité. Elle passe par le rétablissement de formes adaptées de séparation, au sein du système bancaire, entre activités de crédit et activités de marché en même temps que par des mesures visant à rendre les marchés financiers moins volatils.

L'argument généralement avancé en faveur de la séparation des activités bancaires se fonde sur la volonté de protéger la fonction d'intermédiation des banques commerciales, c'est-à-dire la gestion des moyens de paiement, la collecte de l'épargne liquide et l'offre de crédit. Elle se justifie par la forte sensibilité de l'activité économique au fonctionnement des systèmes de paiement et de crédit et par le fait que les crises financières affectent gravement l'activité de crédit du fait même de l'interpénétration des deux types d'activité. L'objectif est de préserver, autant que faire se peut, la banque commerciale des chocs susceptibles de la déstabiliser. C'est pourquoi il faut l'isoler des mouvements des marchés financiers qui connaissent des fluctuations fréquentes de grande ampleur et excessives au regard des fondamentaux. Le développement de banques universelles va à l'encontre de cet objectif. Il conduit à une augmentation du risque systémique en raison d'une connectivité considérablement accrue quand leurs défenseurs se contentent de faire valoir les avantages nés d'opportunités accrues de diversification. D'abord parce que la diversification, à l'inverse de la spécialisation et du cloisonnement, rend les banques plus semblables entre elles et donc conjointement plus sensibles à des chocs d'origines diverses, ce qui tend à en amplifier l'incidence. Ensuite, parce que c'est à travers les produits et opérations de marchés, notamment celles sur produits dérivés, que se nouent, pour l'essentiel, les interconnexions entre institutions financières, et donc les externalités qui constituent la substance du risque systémique.

Avec la séparation proposée, il n'est pas seulement question de contrarier les phénomènes de contagion associés à la volatilité des marchés financiers. L'objectif est aussi de s'assurer, *via* l'organisation du crédit bancaire, de l'existence de *financements longs* de l'économie permettant la réalisation d'investissements productifs, laquelle est la condition d'une convergence des performances réelles des différents États et d'un rééquilibrage de leurs balances commerciales sur la moyenne période. D'autant que de cet engagement dépend, comme souligné plus haut (chapitre 5), celui des autres parties prenantes dans l'entreprise, salariés, clients et fournisseurs.

Les données empiriques disponibles confirment l'importance du financement bancaire en même temps que la nécessité de concevoir un système financier composite. Les capitaux drainés par les marchés ne vont pas nécessairement vers les entreprises qui ont les plus fortes capacités de croissance, alimentant les achats spéculatifs d'actions et le rachat de leurs propres actions par les entreprises au détriment de l'investissement productif. En revanche, la banque dite de relation (la banque commerciale traditionnelle) présente l'avantage d'offrir une plus grande continuité dans l'attribution des prêts à de meilleures conditions que la banque à l'acte et donc une meilleure réponse pour les entreprises, que ce soit pour faire face à de nouvelles occasions d'investissement ou à un recul conjoncturel de leur activité. Tout ce qui peut renforcer le poids de la banque de relation est non seulement une garantie contre la survenue de crises de crédit, mais aussi une incitation pour les entreprises à s'engager à long terme en ayant la garantie de disposer d'une capacité d'emprunt.

Certes, au cours des années qui suivent la crise de 2008, les grandes entreprises se sont détournées des prêts bancaires pour privilégier d'autres sources de financement, les émissions d'actions et d'obligations et les prêts d'intermédiaires non bancaires qui auraient amorti les effets sur l'économie d'un choc négatif sur l'offre de crédits bancaires. Mais elles s'en sont servies pour détenir des actifs existants plutôt que de réaliser des investissements productifs à longue échéance. Par ailleurs, les réductions de l'offre de crédit bancaire ont eu un fort impact sur l'activité économique en affectant les entreprises petites et moyennes sans qu'il soit réellement crédible que la titrisation puisse leur être bénéfique en termes de durée des engagements.

Le plaidoyer en faveur d'une séparation entre activité de crédit et activité de marché des banques n'induit pas qu'il faille revenir à un système financier exclusivement composé de banques. Les marchés financiers ont aussi leur rôle à jouer dans la perspective de garantir des engagements financiers longs. N'ont-ils pas été inventés dans ce but en rendant compatibles les préférences temporelles *a priori* opposées des détenteurs et des utilisateurs de capitaux ? Encore convient-il non seulement de contrarier effectivement les comportements spéculatifs à haut risque et de prévenir les effets de contagion, mais aussi de prendre en considération la différence entre actionnaires attachés aux performances immédiates et ceux qui ont une perspective à plus long terme. Sans doute est-il opportun de jouer des possibilités réglementaires et institutionnelles de rendre les actionnaires patients par exemple en faisant dépendre les versements de dividendes et les droits de vote de la durée de détention des actions, en introduisant un double vote, bref, en créant des actions dites de loyauté, ou encore en allouant les droits de vote en proportion de la durée de détention à venir (Mayer, 2013, p. 206-214). Rendre ainsi moins liquides les marchés d'actions et de quelque manière les fragmenter doit permettre d'accroître le degré d'engagement (et de patience) des actionnaires et de mieux canaliser l'épargne vers l'investissement productif.

À propos de la responsabilité sociale

L'entreprise édicte certaines règles et obéit à d'autres. Elle exerce une fonction de coordination qui commande l'allocation et, plus encore, la création de ressources. Cette position a pu suggérer que l'entreprise pouvait se substituer à l'État dès lors que celui-ci devenait défaillant notamment pour des raisons financières dans le contexte de mondialisation.

La revendication d'une responsabilité sociale de l'entreprise est ainsi revenue en force dans le débat politique. Il ne s'agit rien de moins que de reconnaître que l'entreprise n'aurait plus à se contenter de rechercher un profit maximal, mais devrait tenir compte des conséquences sociales et environnementales de son activité, et devrait donc, de quelque manière, endosser des responsabilités jusque-là dévolues à la puissance publique. Friedman (1970) en contestait déjà le bien-fondé en arguant que confier une responsabilité sociale à l'entreprise au détriment de la recherche du profit impliquerait de lui reconnaître une fonction de redistribution alors qu'il relève du seul gouvernement et du Parlement de lever l'impôt et de décider de son usage.

Le contexte pourtant s'y prête. La mondialisation s'accompagne d'un recul des capacités d'intervention des gouvernements, la concurrence s'exerce de plus en plus entre les normes et systèmes juridiques des différents pays, conférant inévitablement aux entreprises une nouvelle responsabilité au regard des enjeux sociaux dès lors qu'elles deviennent un lieu privilégié de la négociation des règles en réponse à la lenteur ou à l'impuissance du politique dans les domaines incriminés.

Cette évolution ne devrait pas occulter une double réalité : d'une part, l'objet distinctif de l'entreprise est bien de réaliser des profits, encore qu'il convienne de distinguer le profit à court terme du profit à long terme ; d'autre part, la création de richesses à long terme procède non de l'entreprise vue comme un acteur isolé, mais de l'*interaction sociale* dont rend compte sa dimension d'acteur collectif et à laquelle les pouvoirs publics contribuent de manière essentielle.

Si l'entreprise n'a pas à se substituer à l'État dans ses responsabilités sociales, elle n'est pas pour autant réductible à une sorte de robot qui réagirait aux signaux de prix émis instantanément par des marchés pleinement concurrentiels, y compris, d'ailleurs, le marché des règles et normes juridiques. Elle ne devrait pas davantage être réductible au capital détenu par ses actionnaires dont les injonctions seraient les seules efficaces.

Ces derniers sont propriétaires de leurs actions. Ils ne sont pas propriétaires des actifs tangibles et intangibles de l'entreprise. Leur intérêt ne saurait se confondre simplement avec celui de l'entreprise. Aussi le discours sur la responsabilité sociale ne doit-il pas faire écran dans le débat nécessaire sur le mode de gouvernance. À l'encontre de ce que défendait Friedman, refuser que l'entreprise se substitue à l'État dans ses responsabilités sociales ne va pas de pair avec une gouvernance fondée sur le seul pouvoir des actionnaires.

S'il apparaît dans l'ordre des choses que l'entreprise cherche à maximiser son profit, encore faut-il convenir de ce qui règle ce profit. Non seulement, il n'y a pas de conflit simple, ni d'ailleurs inéluctable, de répartition entre profits et salaires, tant il est vrai que des salaires élevés, versés par l'ensemble des entreprises, alimentent la demande et concourent aux profits futurs. Mais, en outre, maximiser les profits immédiats n'a pas la même résonance que les maximiser sur la longue période si l'on convient qu'une capacité de production doit être construite avant d'être utilisée, que l'investissement productif commence par coûter avant de rapporter. Si l'on admet que les gains de productivité et, par suite, les gains de bien-être dépendent de la longueur de ce que l'on appelait autrefois les détours de production, alors l'une des dimensions de la responsabilité sociale de l'entreprise, sans doute la plus importante, réside dans son aptitude à s'engager à long terme, ce que devrait garantir son mode de gouvernance.

Si d'aventure ce sont des fonds activistes qui contrôlent le capital des entreprises et décident de leurs choix d'investissement, il y a fort à parier que, pesant en faveur de performances maximales à court terme, ils n'aient guère le souci des conséquences sociales ou environnementales, entraînant les managers dans la même voie.

Par ailleurs, plutôt que de confier directement une responsabilité sociale aux entreprises en imaginant que ce serait à elles de veiller, de leur propre initiative, aux coûts sociaux de leurs actions, il importe que les règles, issues de la législation comme de la jurisprudence, puissent permettre aux entreprises d'être sur un pied d'égalité dès lors qu'elles décident de s'engager à long terme, de ne pas se trouver handicapées du fait de performances affaiblies par l'ampleur de dépenses sociales qu'elles auraient à assumer.

Certes, les entreprises sont directement productrices de règles. Aux États-Unis, elles ont été à l'initiative des politiques de hauts salaires avec comme conséquence d'agir sur les marchés de travail et de stimuler la demande. Elles ont mis en œuvre, dans les années 1950 et 1960, des régimes d'assurance venus s'ajouter aux salaires dont les effets étaient similaires à ceux des régimes de protection universelle qui ont prévalu dans les pays européens (Krugman, 2007). Ces règles témoignent d'une vision à long terme de l'entreprise impliquant la prédominance d'emplois « solides ». Elles ont été généralisées en ayant fait l'objet d'un consensus entre les entreprises à défaut d'être validées par la puissance publique.

Le contrat de travail, comme nous l'avons vu plus haut (chapitre 7), n'est pas une stricte relation de marché. Il s'est substitué au contrat de louage. C'est dans ce cadre juridique qu'ont été mises en place les mesures qui viennent d'être évoquées et qui n'ont de sens qu'en raison de la durabilité des emplois concernés. Sans doute était-ce là une arme de la concurrence sur des marchés de travail contraints du côté de l'offre – les entreprises se trouvant en situation de rivalité sur le marché du travail pour un même type de qualifications – qui allait avoir un effet global sur la demande *via* la masse salariale. Mais que se serait-il passé si l'État n'avait pas créé les conditions d'une généralisation des accords passés avec les syndicats ? Les entreprises en pointe sur cette question n'auraient pas survécu à la rivalité concurrentielle sur les marchés de biens. L'accroissement général du bien-être n'aurait pas eu lieu. Les règles initiées par l'entreprise ne deviennent réellement efficaces que lorsqu'elles entrent dans la loi ou, à tout le moins, lorsque les conditions de marché (du travail comme des biens), forcément extérieures aux seules actions individuelles, existent qui permettent une généralisation mutuellement consentie par des entreprises reconnaissant qu'elles ont entre elles un intérêt commun sans doute le plus souvent à long terme. Durkheim expliquait déjà que « le contrat ne suffit pas à soi-même, mais [qu']il n'est possible que grâce à une réglementation du contrat qui est d'origine sociale » (Durkheim, 1893/1998, p. 193).

De l'unicité à la diversité du capitalisme

Les pays capitalistes ont des institutions du marché du travail, des politiques sociales, des modèles de gouvernance des entreprises, des systèmes de financement différents les uns des autres, qui sont un héritage historique, culturel, politique. Si l'on suit le consensus doctrinal actuel, ces différences sont autant de déviations par rapport aux meilleures pratiques et devraient se dissoudre à mesure que les nations se conforment à ces dernières. Les divergences de performances observées tiennent, alors, aux résistances à adopter le modèle institutionnel optimal dont l'une des principales dimensions est la flexibilité des marchés de biens et du travail.

Cette approche du problème ignore à la fois que des modèles institutionnels distincts ont donné lieu à des performances similaires en termes de croissance et de bien-être, et qu'en changer pour adopter un modèle présumé supérieur est, inévitablement, la source de coûts économiques et sociaux élevés que ne sauraient justifier des gains futurs au demeurant plus qu'aléatoires.

La typologie souvent mise en avant (Hall et Soskice, 2001) oppose une économie de marché libérale (États-Unis, Grande-Bretagne) à une économie de marché coordonnée (Allemagne). La première est caractérisée par des marchés du travail fluides et des financements par le canal des marchés financiers, la seconde par des emplois stables et des liens durables entre banques et entreprises. Plus ou moins explicitement, ces institutions tournées vers le court terme sont opposées à des institutions tournées vers le long terme, non sans, par ailleurs, considérer, paradoxalement, que les premières favorisent les innovations radicales et les secondes, des innovations incrémentales.

Le défaut de cette typologie est qu'elle est *atemporelle*. La thèse qui sera défendue ici est que l'un et l'autre système, quand ils sont efficaces, permettent aux différents acteurs de se projeter dans le long terme, de lisser les fluctuations de court terme de façon à contenir les désordres à long terme.

Ainsi, un niveau de salaire relativement stable, garant à la fois d'efficacité et d'équité, pourra être obtenu aussi bien dans un contexte de main-d'œuvre fortement organisée dans des syndicats que dans un contexte de main-d'œuvre inorganisée, mais très mobile géographiquement ou professionnellement.

Un parallèle historique vient à l'appui de cette thèse (Hicks, 1989, p. 34). À la fin du XIXe siècle et au début du XXe siècle, en Grande-Bretagne la main-d'œuvre venue dans l'industrie depuis l'agriculture n'avait guère d'autre possibilité que d'y rester. Elle n'a pu défendre le niveau de ses rémunérations que grâce au pouvoir acquis par les syndicats. Aux États-Unis où les syndicats ne jouaient pas le même rôle, c'est la possibilité pour les travailleurs de revenir dans l'agriculture en allant vers la « frontière », quand les nouveaux émigrants pesaient sur le marché du travail, qui a permis de maintenir et d'augmenter le niveau des salaires dans l'industrie. Avec le même résultat : une rigidité relative des salaires source d'équité et favorable à la croissance.

Cet exemple est de portée tout à fait générale. Les bonnes performances, à court comme à moyen terme, ne sont pas une propriété intrinsèque de tel ou tel système institutionnel, elles sont le fruit de leur *cohérence propre* au regard d'un objectif global, non d'optimalité intertemporelle, mais de *viabilité*.

La fluidité de principe des emplois comme le poids des marchés financiers ne sont pas en eux-mêmes des obstacles à se projeter à long terme. Ainsi, aux États-Unis, dans les années 1950 et 1960, avec le soutien du gouvernement fédéral, des accords ont été passés entre les syndicats et les entreprises qui ont permis d'établir des normes pour l'ensemble de l'économie, impliquant à la fois de fixer les hausses de salaires en relation avec celle des profits et de limiter les revenus des dirigeants (Krugman, 2007, p. 75).

Le problème est venu de ce que, du fait d'une inversion des pouvoirs, la fluidité des emplois s'est transformée en emplois précaires avec, entre autres, comme conséquence de fragiliser les systèmes privés d'assurances sociales (Krugman, 2007). Alors que les managers exécutifs donnaient jusque-là satisfaction aux actionnaires en leur versant des dividendes réguliers, les actionnaires, désormais différemment structurés, ont imposé aux managers de réaliser des performances immédiates. Le court terme l'a effectivement emporté sur le long terme sans bouleversement institutionnel significatif, mais en raison de nouvelles conditions de marché et de nouveaux arbitrages politiques.

La variété américaine de capitalisme n'a pas été la seule à connaître cette transformation. À compter des années 2000, il en est également ainsi de la variété allemande jusque-là caractérisée par la prédominance de relations contractuelles à long terme, tant du côté du travail que de celui du financement. Elle a évolué avec l'introduction des réformes du marché du travail visant à rendre celui-ci plus flexible dans le souci de résorber un chômage devenu excessif au début des années 2000 à la suite de la réunification (Carlin et Soskice, 2009). Deux secteurs d'activité distincts existent désormais, le secteur des biens et services échangeables essentiellement industriel et le secteur des biens et services non échangeables. Seul le second est réellement affecté par les réformes. Les relations entre employeurs et employés restent, dans le premier, des relations de long terme, les employeurs préférant des redéploiements internes de la main-d'œuvre, la négociation sur le temps de travail, l'apprentissage interne et le recours au chômage partiel plutôt que de s'en remettre au jeu des marchés externes du travail. Quitte pour les travailleurs à faire des concessions salariales temporaires en contrepartie de la sécurité de l'emploi. Simultanément, les blocs d'actionnaires contrôlant les entreprises sont restés largement stables, et la structure du système bancaire reste dominée par des relations de financement de proximité, notamment grâce au réseau des caisses d'épargne engagées dans le soutien des entreprises de leur région de compétence sans souffrir d'une quelconque concurrence.

Les réformes structurelles ainsi conçues sont à l'origine d'une polarisation des emplois et d'un dualisme laissant un large groupe, composé de travailleurs peu qualifiés, d'immigrants et de travailleurs des régions de l'Est, placés en dehors des bénéfices de l'État providence et coincés dans une trappe à pauvreté et faible qualification. Le court terme l'a emporté sur le long terme dans la mesure où sont occultées les conséquences à long terme des réformes, que sont la chute de la demande interne et l'augmentation durable des excédents commerciaux, autrement dit la récurrence, difficilement soutenable à terme, de déséquilibres internes et externes. Cette évolution pourrait s'accentuer si les fonds de placement activistes parviennent à imposer leurs vues à des grands groupes mis dans l'obligation d'accepter des démantèlements, ainsi qu'en témoignent quelques exemples récents.

La variété française de capitalisme, que l'on peut qualifier jusque-là d'étatiste associant négociations salariales centralisées et financements sectoriels administrés, a évolué dans une direction différente, mais tout aussi problématique. Le choix est fait, dès la fin des années 1980, pour répondre à la contrainte extérieure, de procéder à une désinflation compétitive et de libéraliser le système financier. S'est, alors, ouverte une phase de recomposition des structures industrielles dans un contexte de changement technologique et de privatisation des grandes entreprises. Des noyaux de nouveaux actionnaires, supposés être des noyaux durs grâce à des participations croisées entre les différents groupes favorisant un actionnariat permanent des conglomérats issus des opérations de dénationalisations, ont été constitués. Ils n'ont résisté ni à l'acceptation par certains dirigeants, imbus des nouvelles idées, des règles de gouvernance consistant à s'aligner sur l'intérêt immédiat des actionnaires, ni à l'exigence de fonds de placement activistes dominant les marchés financiers. Un décroisement des participations s'est rapidement produit. Les démantèlements se sont succédé et avec eux la disparition de grands groupes industriels, les fonds étrangers entrant de plus en plus largement au capital des entreprises nationales. Le court terme l'a emporté sur le long terme avec comme conséquence une désindustrialisation accélérée et un déficit commercial durable.

La comparaison des performances respectives de l'Allemagne et de la France se trouve ainsi éclairée. Les réformes du marché du travail en Allemagne ont permis à cette dernière de gagner globalement en compétitivité notamment au détriment de la France. Les conditions de négociations salariales ont été profondément modifiées, aboutissant à freiner la hausse sinon même à faire baisser les salaires nominaux, en même temps que s'installait un dualisme sur le marché du travail. Pour autant, il est difficile de faire dépendre l'emploi de la seule évolution des coûts salariaux. Il a manifestement bénéficié de la capacité organisationnelle de l'industrie allemande, notamment de sa dimension financière ou bancaire favorisant l'engagement long des détenteurs de capitaux. La situation de la France est quasiment symétrique. Les procédures de négociation des salaires n'ont pas été sensiblement modifiées, de sorte que les coûts salariaux sont restés assez élevés et ont augmenté relativement à ceux de l'Allemagne. Parallèlement, l'emploi a souffert d'une désindustrialisation qui pourrait bien résulter de défaillances de l'organisation industrielle associées à des défaillances du système financier. Un euro fort est d'autant plus pénalisant pour les entreprises françaises qu'elles n'ont pas eu la même stratégie d'internationalisation et de fragmentation de la production que leurs homologues allemandes.

Dans un cas comme dans l'autre, il s'est produit une rupture de cohérence avec le modèle de référence dont la principale conséquence est de mettre les acteurs dans la position de rechercher des gains immédiats en pesant sur les salaires ou en privilégiant les performances financières à court terme.

Au regard de cette évolution en Allemagne et en France, la question n'est pas de savoir s'il serait opportun d'établir un nouvel équilibre intertemporel impliquant de libéraliser le système financier d'un côté et de procéder à une réforme complète du marché du travail de l'autre, cela dans le but de singer un modèle anglo-saxon qui a lui-même évolué. Elle est de savoir à quelles conditions il est encore possible d'échapper à la tyrannie du court terme au sein d'environnements institutionnels, certes distincts à raison de leur histoire, mais qui devraient être tournés vers le même objectif de viabilité, plutôt que de chercher à atteindre une variété optimale mythique.

CHAPITRE 9

La maîtrise du temps dans une économie ouverte

Les politiques des États-nations constitutifs du monde capitaliste industriel né au tournant du XVIIIe et du XIXe siècle ont oscillé entre libre-échange et protectionnisme. La croyance dans les bienfaits du libre-échange s'est systématiquement heurtée aux difficultés issues de la transition que l'ouverture impliquait au point de susciter, à certaines périodes, un revirement politique en faveur du protectionnisme. Les théoriciens du libre-échange n'en ont pas moins dominé le débat jusqu'à aujourd'hui, jetant systématiquement le discrédit sur des thèses oublieuses, selon eux, des avantages de la division du travail et de l'extension concomitante des marchés.

Keynes, dans le contexte des années 1920 et 1930, tient une position pour le moins nuancée. Il prend la défense de mesures mercantilistes en soulignant qu'un solde créditeur de la balance commerciale est doublement avantageux en étant un moyen direct de développer l'investissement extérieur (les prêts à l'étranger) et un moyen indirect de réduire le taux d'intérêt et de stimuler l'investissement intérieur. Toutefois, il indique la limite que constitue, à compter d'un certain niveau d'activité, une hausse des salaires venant grever la compétitivité, et il met en garde contre une politique agressive qui, pour obtenir une balance favorable, pourrait déclencher une guerre commerciale défavorable à tous (Keynes, 1936, p. 336-339).

Il en tire la conclusion que les politiques visant des objectifs intérieurs de revenu doivent primer sur la recherche d'excédents commerciaux car « c'est la mise en œuvre simultanée de ces politiques par tous les pays qui est capable de restaurer la santé et la vigueur de l'économie sur le plan international, qu'on mesure celles-ci par le niveau de l'emploi intérieur ou par le volume du commerce international » (*ibid.*, p. 349).

Tout dépend, en réalité, de la façon dont est conduite la stratégie d'ouverture. Si le libre-échange est porteur, potentiellement, d'un taux de croissance plus élevé, sa mise en œuvre et son approfondissement induisent des distorsions de la structure productive et des déséquilibres de marché caractéristiques d'une transition qui *prend du temps* et dont l'issue est d'autant moins assurée qu'il n'existe pas d'équilibre de longue période, mais seulement des moments fugitifs de relatif équilibre des comptes extérieurs. Des conflits surgissent inévitablement entre gagnants et perdants, au sein de chaque État comme entre les États. Des compensations peuvent être nécessaires, et, plus encore, il faut du temps pour que les adaptations requises prennent place et que la transition réussisse : un temps qui justifie de mettre en place des formes de protection. En fait, il s'agit de faire en sorte que les compensations restent le moins élevées possible, impliquant d'intervenir de façon à limiter les destructions de capital et de réduire les coûts sociaux.

C'est dans ce contexte qu'un arbitrage politique est effectué entre l'objectif d'ouverture aux échanges extérieurs et les objectifs intérieurs de revenu et d'emploi, plus exactement entre leurs *calendriers* respectifs de réalisation. Les mouvements de capitaux interfèrent dans cet arbitrage dès lors que leur libéralisation opère sans qu'ils puissent être contrôlés et encadrés et qu'ils imposent aux gouvernements nationaux des contraintes *immédiates* qui ne s'exercent que dans un sens, l'austérité intérieure, autrement dit jamais à l'encontre des pays dont la balance commerciale est durablement excédentaire.

Le paradoxe est que la libéralisation des échanges sans contrainte, notamment sans contrainte sur son rythme au regard des objectifs intérieurs, ou plutôt sous la seule contrainte, à court terme, des marchés internationaux de capitaux, débouche, au contraire des attentes de la doctrine néolibérale, sur un pouvoir accru de l'État, non pas un État régulateur et protecteur, mais un État puissance qui n'hésite pas à engager une guerre commerciale dans l'attente de gains immédiats en jouant des taxes et donc des prix. Tout le contraire de ce qui s'était passé avec les accords de Bretton Woods.

Les processus d'ouverture

Le développement des échanges internationaux est, dans son principe, favorable à la croissance comme l'est toute extension des marchés. La raison première est qu'importer des biens autrefois produits par des entreprises domestiques permet de libérer des ressources productives qui seront mieux utilisées dans d'autres usages, ce qui ne peut que bénéficier au pays en question, mais aussi aux pays partenaires dans l'échange.

Conformément à la thèse défendue par Smith et Ricardo, la division du travail dans sa dimension internationale est, potentiellement, un facteur de croissance.

Smith (1776), convaincu des bienfaits du libre-échange, n'en prévenait pas moins des déboires qui pouvaient résulter d'une ouverture brutale à la concurrence causant des dommages considérables à l'entrepreneur acculé à des destructions de capital le plus souvent excessives. Et de conclure qu'« une juste considération pour les intérêts de cet entrepreneur exige [...] que de tels changements ne soient jamais faits brusquement, mais qu'ils soient amenés à pas lents et successifs, et après avoir été annoncés de loin » (Smith 1776/1976, vol. 1, p. 471).

Keynes ne dit rien de différent. « Les sacrifices et les pertes liées à une transition seront considérablement plus importants si l'on force l'allure. Je ne crois pas en l'inévitabilité de la gradualité, mais je crois en la gradualité [...]. Car il est de la nature des processus économiques de s'enraciner dans le temps. Une transition rapide impliquera une destruction si drastique de la richesse que le nouvel état de choses sera, au début, bien pire que l'ancien et l'expérience sera discréditée » (Keynes, 1933, p. 769).

En fait, s'il existe des gains mutuels à l'échange, ce sont là des gains *potentiels* dont l'obtention n'est *ni immédiate ni même assurée* tant les obstacles et les sources de conflits sont nombreux qui appellent des mécanismes de régulation permettant que les ajustements de marché puissent s'effectuer dans de bonnes conditions.

Si problème il y a, ce n'est pas tant dans l'existence de l'ouverture à l'échange qu'il faut le rechercher que dans les conditions de cette ouverture, dans la modification des flux de biens et de services ainsi que des flux d'investissements qu'elle implique à court et long terme. Le transfert d'industries d'un pays vers l'autre et la création de nouvelles industries, qui viennent remplacer les anciennes qui ont été délocalisées, ouvrent une période de *transition*. L'ouverture des échanges entraîne la remise en cause systématique de la division du travail existante qui se traduit par des changements de spécialisation des pays engagés dans le commerce international sinon même par une fragmentation internationale des processus de production sans cesse remise sur le métier. Les entreprises répartissent géographiquement leurs activités, choisissent d'exporter, décident d'externaliser ou d'investir à l'étranger pour répondre aux opportunités technologiques comme aux conditions de marché. Leur performance, leur capacité à créer des emplois, y compris dans leur pays d'origine, dépendent de leur insertion internationale. Cette fragmentation, la modularité accrue des processus de production les conduisent à choisir des stratégies organisationnelles complexes d'externalisation d'activités, d'importations de produits intermédiaires et d'investissement à l'étranger qui changent en fonction des opportunités qui se présentent et qui modifient en permanence la géographie mondiale de l'économie. En bref, un processus complexe de *destruction créatrice* est à l'œuvre qui commande l'évolution des emplois et des revenus, forcément perçue comme une conséquence directe de l'ouverture des marchés et de l'échange international. La question est, alors, de juger des conditions dans lesquelles les pays concernés font face à ces bouleversements.

La thèse néoclassique insiste sur la nécessité de restructurer l'économie et en attribue la difficulté aux rigidités salariales qui empêchent une réallocation efficace des ressources en travail. Ainsi, quand l'échange international heurte les secteurs à forte intensité de travail non qualifié ou moyennement qualifié, le seul obstacle qui empêcherait de capter les gains de l'échange serait la rigidité à la baisse des salaires nominaux des travailleurs concernés. La délocalisation causerait, alors, un accroissement du taux de chômage qui, en quelque sorte, se substituerait à un accroissement des inégalités salariales jugé d'autant plus préférable qu'il devrait n'être que temporaire et pourrait donner lieu à des compensations. La politique appropriée serait, alors, d'encourager une plus grande flexibilité du marché du travail dans le but conjoint de favoriser la réallocation efficace des ressources et le retour au plein-emploi.

Cette thèse est essentiellement *atemporelle*. Elle ignore l'effet d'une telle politique qui conduit à la montée du dualisme sur le marché du travail (la polarisation des emplois et des salaires) déjà évoqué (chapitre 6), lequel pèse sur la croissance en ayant pour effet un affaiblissement de la demande interne impliquant que le seul relais possible est un développement des exportations porteur à terme d'une guerre commerciale.

Elle ignore tout autant la montée de la dimension géographique du dualisme. Au sein des pays riches, il arrive que les régions pauvres bénéficient de transferts de revenus en provenance des régions riches et de la localisation d'activités à relatif faible niveau de productivité tout en constituant des marchés pour les entreprises des régions riches. Ce n'est plus le cas quand les régions riches travaillent pour le reste du monde et quand les régions pauvres sont concurrencées par les pays à bas salaires. Non seulement ce sont celles-ci qui sont touchées par la délocalisation, mais elles ne sont plus nécessairement considérées comme un marché important pour les activités des régions riches dont les habitants renâclent à accepter les transferts de revenus. De cette montée du dualisme social et géographique ne peut que résulter un creusement des inégalités, un affaiblissement des marchés intérieurs.

Comme on le voit, ce qui est en cause, ce n'est pas tant la restructuration de la capacité productive en elle-même que le *chemin* effectivement suivi, susceptible de voir se creuser les écarts entre gagnants et perdants et qui détermine le type de restructuration en même temps que le type de technologie. La politique d'ouverture, censée stimuler la croissance, l'affaiblit, rendant progressivement illusoire la possibilité de compenser les pertes subies par les victimes des restructurations dès lors que les recettes publiques sont négativement affectées par l'atonie de la croissance. Un enchaînement pervers prend place.

S'en tenir aux seuls ajustements salariaux sur le marché du travail s'avère dangereux. Les distorsions enregistrées du fait du commerce international affectent la structure de la capacité de production, que l'on change de produits ou de méthodes de production ou que naissent de nouveaux marchés et une nouvelle organisation industrielle. Ces distorsions sont une caractéristique intrinsèque et inévitable d'un processus de changement qui ne peut pas être accommodé rapidement grâce aux seules variations de prix relatifs. Elles sont liées à une donnée de fait : il faut du *temps* pour construire une nouvelle capacité de production qui se substitue progressivement à l'ancienne que l'on détruit. Aussi la question est-elle de savoir comment gérer cette transition et ce qu'implique de donner du temps aux entreprises pour s'adapter à la nouvelle donne. Nous connaissons déjà le type de politique globale ou structurelle requis (chapitres 7 et 8), quoiqu'il prenne une dimension particulière dans une économie ouverte. Les flux réels et financiers internationaux viennent se greffer sur les flux internes. Une fois encore, l'objectif est de contenir les déséquilibres, désormais aussi les déséquilibres extérieurs, de manière à minimiser les compensations nécessaires.

La hiérarchie des objectifs interne et externe

Les États sont parties prenantes des processus d'ouverture et jouent un rôle dans leur orientation, leur imposent en partie son *rythme*, à raison du fait qu'ils restent le lieu des choix sociaux et des décisions politiques. Fondamentalement, leur attitude au regard du temps en matière de libre-échange dépend de la hiérarchie établie entre l'objectif d'ouverture et les objectifs internes de revenu et d'emploi, laquelle dépend notamment des accords régissant le commerce international.

La mondialisation, telle qu'elle se développe et est organisée depuis le début des années 1980, conduit à subordonner les objectifs intérieurs de revenu et d'emploi à la libéralisation des échanges (Rodrik, 2011). Elle s'inscrit dans le consensus qui veut qu'une position optimale soit obtenue pourvu que les marchés soient débarrassés de toute contrainte et de toute discrimination, impliquant une neutralisation de l'action publique. Le libre-échange complet, comme aurait dit Walras, est ici la garantie d'un équilibre général des marchés censé être aussi un optimum social au sens de Pareto, quitte éventuellement à opérer des compensations entre gagnants et perdants. « Les gouvernements ont suivi les marchés au lieu d'être indispensables à leur fonctionnement. Cette nouvelle vision [...] considérait que tout obstacle au libre-échange devait être supprimé » (Rodrik, 2011, p. 77). De fait, l'Organisation mondiale du commerce, à la différence de l'Accord général sur les tarifs et le commerce, se donne pour objectif de réduire, sinon d'éliminer, les différences nationales en matière de régulation et de normes comme s'il s'agissait de se plier à une loi de la nature. Sont désormais en cause les règles fiscales, les normes environnementales et sanitaires, les subventions directes ou indirectes aux entreprises domestiques. Le but mis en avant est d'atteindre un seul et même modèle institutionnel présumé optimal. La réalité est la mise en concurrence des règles et des normes. Le risque encouru est de voir se développer des formes variées de dumping social et fiscal mettant en cause, de manière générale, les mécanismes de la protection sociale et de stabilisation automatique, et pouvant conduire à un affaissement généralisé de la croissance. Le risque est, également, que les entreprises empêchent les États de conduire des politiques intérieures qu'elles jugeraient attentatoires à la profitabilité de leurs investissements, en ayant recours à des arbitres internationaux pour régler leurs différends.

Le changement de perspective est radical quand on sait que, dans la pratique issue des accords de Bretton Woods, l'ouverture des échanges était subordonnée à la réalisation des objectifs intérieurs de revenu et d'emploi, signifiant concrètement que la libéralisation était largement *annoncée* et forcément *progressive*, conformément au conseil de Smith et de Keynes, s'inscrivait dans le *temps* et se conformait à la diversité des variétés de capitalisme dont la viabilité était préservée.

Il reste à savoir s'il est toujours possible pour chaque État de préserver une certaine autonomie dans la poursuite d'objectifs internes. La période correspondant aux accords de Bretton Woods était très différente de l'actuelle. Les nations concernées avaient rapidement fait montre de réelles proximités en termes de préférences et de niveaux de vie, de sorte que s'est installée une réelle coopération entre elles dont l'une des dimensions a été le développement du commerce intrabranches. Les gains de l'échange étaient assez équitablement répartis dans un contexte de rendements croissants et de concurrence monopolistique. La redistribution progressive des activités pouvait être porteuse de conflits d'intérêts, mais sans que ceux-ci ne justifient la remise en cause de l'ouverture.

La nouveauté de l'actuelle mondialisation est qu'elle met aux prises des nations qui restent très différentes les unes des autres en termes de niveau de vie, donc de préférences, et d'avancée technologique, tout en étant parties prenantes d'une forte redistribution des activités qui en pénalise certaines et bénéficie aux autres.

Les gains à l'échange procèdent de la répartition internationale des activités. Dans un monde de rendements d'échelle croissants, un pays qui concentrerait toutes les industries gagnerait à en abandonner certaines au bénéfice d'un autre en concentrant la main-d'œuvre sur un plus petit nombre d'industries. Et ce au bénéfice de cet autre pays qui pourrait à son tour acquérir des activités à rendements croissants. Chaque pays pourrait, en outre, tirer parti d'avantages spécifiques et se spécialiser sur des niches particulières. La difficulté apparaît quand les deux pays se sont rapprochés l'un de l'autre en termes de capacités industrielles et de savoir-faire au point que le déplacement d'une industrie de l'un vers l'autre pénalise le premier au bénéfice du second. C'est ce qui est arrivé quand les pays développés ont dû abandonner des industries de moyenne ou basse technologie pour lesquelles ils deviennent importateurs, voire, à terme, des industries de haute technologie.

Les travailleurs de qualification intermédiaire sont touchés en même temps que la capacité de croissance quand ces derniers basculent dans le chômage ou dans des emplois peu qualifiés à faible productivité.

Le gouvernement du pays développé devrait alors organiser la transition plutôt que de céder à l'obsession de la compétitivité immédiate en baissant les coûts salariaux. Cela implique de maintenir des régulations internes dont l'une des dimensions est de rendre possible une certaine *inertie* ou, si l'on préfère, un *gradualisme* dans les ajustements de la capacité productive. La solution réside dans une ouverture ordonnée et progressive qui ne peut être que coopérative. Elle requiert de sauvegarder la capacité d'intervention macroéconomique des États en vue de lisser les fluctuations et leurs capacités d'intervention structurelle qui permet aux entreprises d'investir à long terme (chapitres 7 et 8). Pour que ces capacités aient quelque chance d'être conservées, une forme de protectionnisme devrait être admise par les parties au commerce international. Il s'agirait d'un protectionnisme en *attente* de l'amélioration des normes auxquelles les pays émergents devraient souscrire. Il prendrait la forme de clauses de sauvegarde établies dans les accords commerciaux internationaux et s'apparenterait au protectionnisme *éducateur* préconisé à certains pays retardataires.

Cette proposition ne contrevient nullement à la philosophie libérale énoncée par Smith, même si le contexte s'est profondément transformé. « En préférant soutenir l'industrie domestique plutôt que l'industrie étrangère, [l'individu] recherche seulement sa propre sécurité ; et en orientant cette industrie de telle manière que son produit puisse être de plus grande valeur, il poursuit son propre gain et, en cela, comme dans de nombreuses autres situations, il est conduit par une main invisible à promouvoir un objectif qui n'entre, en aucune manière, dans son intention » (Smith, 1776/1976, vol. 1, p. 456). Dans ce passage de l'œuvre majeure de Smith, le seul dans lequel est mentionnée la notion de main invisible, il n'est, certes, pas question de régulation publique visant à créer un monopole sinon pour la dénoncer, mais la richesse de la nation est au cœur du problème, et le choix individuel, non intentionnel, favorise l'industrie domestique implicitement en lui permettant d'accéder à des rendements croissants. On comprend d'autant mieux pourquoi Smith plaidait en faveur d'une ouverture progressive qui doit laisser le temps à l'industrie domestique de s'adapter, pourquoi aussi il entendait mettre l'industrie domestique et l'industrie étrangère sur un pied d'égalité en termes de taxation (*ibid.*, p. 165). La main invisible de Smith n'a rien à voir avec le commissaire-priseur de Walras qui impose des prix d'équilibre. Elle s'inscrit dans le temps

Le jeu pervers des mouvements de capitaux

La théorie de l'échange international conduite en termes d'équilibre général intertemporel stipule l'existence de ce que certains appellent le *voyage de retour*. Les pays exportateurs nets de biens et services sont importateurs d'instruments financiers alors que les pays importateurs nets de biens et services sont exportateurs nets d'instruments financiers. Des tels échanges ne peuvent être durables que si les pays excédentaires renoncent à des biens aujourd'hui dans l'attente de disposer de davantage de biens demain. Le voyage de retour est possible si les excédents d'épargne des pays excédentaires alimentent les investissements des pays déficitaires, laissant envisager que le surplus des premiers se transforme, avec le temps, en déficit et *vice versa*. Les États, de quelque manière, disparaissent derrière des épargnants, prêteurs et exportateurs nets de capitaux, et des entreprises, emprunteuses et importatrices nettes de capitaux. Flux réels et financiers jouent dans le sens de l'équilibre général intertemporel, ne font que révéler des différences de propensions à épargner et d'opportunités d'investissement, sans que la durée ait quelque influence que ce soit sur le résultat ultime que sont les gains à l'échange au bénéfice de tous. Il n'est, finalement, question que de temps d'horloge et de réallocation intertemporelle des ressources en rapport avec les utilités intertemporelles des consommateurs. Aucun problème ne naît spécifiquement de déséquilibres commerciaux qui ne sont pas indésirables, car finalement présumés *temporaires*.

Raisonner de cette manière, c'est ignorer la destination des flux financiers et la nature des investissements réels qu'ils permettent de réaliser, soit fondamentalement l'horizon *temporel* des décisions prises. Si, comme on a pu l'observer à l'occasion des différentes crises financières, l'accroissement de l'épargne nette des pays, dont le commerce est excédentaire, la baisse induite des taux d'intérêt mondiaux et celle de la qualité des crédits alimentent des dépenses imprudentes, qu'il s'agisse d'investissements immobiliers ou de consommations publiques, le voyage de retour n'est plus mécaniquement possible. Les flux internationaux de capitaux sont, alors, à l'origine d'une crise de la dette privée avant de l'être de la dette publique, quand ce n'est pas d'une crise de la dette bancaire. Le coupable ici n'est pas l'échange international.

La responsabilité de la crise incombe à un système financier inapte, au comportement d'agents financiers trop tournés vers une activité spéculative et la recherche de gains à court terme, au fait que l'épargne est mal orientée.

Le maintien, un temps, de la demande agrégée au niveau international quand l'épargne des pays excédentaires finance la consommation des pays déficitaires ne saurait masquer l'insuffisance des investissements « solides » ou « fructueux », ceux porteurs de gains de productivité et du voyage de retour, mais aussi *longs* à mettre en œuvre.

Conserver aux gouvernements la possibilité de poursuivre leur objectif de croissance et aux entreprises la capacité à investir à *long terme* suppose de réintroduire des formes de contrôle des mouvements de capitaux, un contrôle qui irait de pair avec une réorganisation du système bancaire et financier dans les termes indiqués plus haut (chapitre 9).

De l'État régulateur à l'État puissance

Au lieu de voir se dissoudre l'État dans le libre-échange suivant le vœu exprimé par un libéralisme vulgaire, c'est à un retour de l'État et du politique auquel est convié le monde suivant une évolution qui, à certains égards, repose sur un scénario connu tant ce que l'on observe aujourd'hui a des similitudes avec les événements du dernier tiers du XIXe siècle quand le libéralisme classique a cédé le pas au protectionnisme et à l'impérialisme. L'aveuglement quant aux effets du libre-échange s'agissant notamment de la volatilité des mouvements de capitaux, auquel il est trop systématiquement subordonné, conduit presque inévitablement à la montée en gamme de pratiques mercantilistes brutales. L'État puissance et dominateur se substitue à l'État régulateur et protecteur. Le premier est en quête de résultats *immédiats* grâce à des mesures *brutales* exprimant un pouvoir de marché et un état d'esprit non coopératif, quand le second privilégie la *maîtrise progressive* du processus d'ouverture et une *attitude coopérative*.

L'État régulateur, tel qu'il est trop souvent présenté, est un État tronqué, celui qui assure un réglage fin de la conjoncture au jour le jour. C'est la possibilité et l'opportunité de ce réglage qui ont été contestées jusqu'à voir s'imposer la recherche absurde de neutralité monétaire et budgétaire. Concrètement, les arbitres, clairement partiaux, ont, alors, été les marchés internationaux de capitaux qui ont imposé aux États des *contraintes immédiates* censées répondre à l'obsession de compétitivité. Ce faisant, le court terme l'a bel et bien emporté sur le long terme puisqu'il est question d'appliquer *hic et nunc* les « bonnes » pratiques. Ce ne sont pas seulement les objectifs intérieurs de revenu et d'emploi qui sont apparus subordonnés à l'exigence d'ouverture des échanges incarnée au premier chef par la libéralisation des mouvements de capitaux. Ce sont aussi les instruments de régulation, ceux garants de l'existence de stabilisateurs automatiques, qui ont été partiellement détruits. La doctrine, sinon la pratique, a remis en cause les différents systèmes sociaux dont la première des vertus était de permettre aux ménages comme aux entreprises de se projeter dans le long terme, pour leur substituer des procédures individualisées de protection faisant la part belle à des procédures de marché impliquant trop souvent des *contraintes de court terme*.

L'instabilité qui naît de cette évolution suscite une demande sociale de protection formulée nécessairement à l'échelle des États. À défaut pour ces derniers de pouvoir maintenir ou rétablir les institutions régulatrices internes, ils n'ont d'autre issue que de s'engager dans des actions non coopératives visant à accroître à *bref délai* la compétitivité du pays au détriment de celle des autres. Les actes de puissance aux effets attendus *immédiats* priment sur la régulation et la coordination *séquentielle*.

L'alternative n'est autre que la mise en place d'un système institutionnel multilatéral à même non pas de maximiser les flux d'échanges réels et financiers, mais de permettre aux nations de poursuivre leurs objectifs économiques et sociaux avec leurs propres arrangements institutionnels garantissant *la lenteur et la gradualité* des ajustements nécessaires. Les accords commerciaux internationaux devraient, alors, comporter des clauses de sauvegarde donnant aux acteurs le *temps* de s'adapter et d'éviter ainsi les destructions inutiles de capital physique comme de capital humain. De telles clauses seraient vues non comme des violations des mécanismes fantasmés d'autorégulation, mais comme la garantie d'une libéralisation ordonnée (Rodrik, 2011).

CONCLUSION

L'enjeu philosophique et politique

La Grande Dépression, la Grande Inflation et la Grande Récession sont autant de situations extrêmes et autant de défaites de théories économiques qui ont en commun cet impensé qu'est *le temps*. Une confiance aveugle dans la stabilité des économies de marché est allée de pair avec un refus implicite d'en analyser les ressorts. Le succès indéniable des Trente Glorieuses, si exceptionnel qu'il puisse apparaître, a, pourtant, montré qu'une économie, intrinsèquement instable parce que génératrice de ruptures récurrentes dans l'ordre des technologies et des marchés, pouvait emprunter un sentier viable. Cela n'a été possible qu'en raison de régulations multiples, au niveau des États comme à celui des entreprises et des marchés, dont le caractère premier est d'avoir privilégié les ajustements graduels à toute forme de thérapie de choc, d'avoir mis en résonance les temporalités propres aux différents phénomènes et aux différents acteurs. La question, aujourd'hui posée, est de savoir si ce n'était là qu'une parenthèse ou si un libéralisme social revisité peut être une alternative crédible aux désordres nés d'un néolibéralisme qui, en dépit des apparences, privilégie l'immédiat.

L'étrange défaite

L'âge d'or qui suit la Seconde Guerre mondiale n'est réductible ni à une période de rattrapage qui ne concernerait que l'Europe occidentale et le Japon – sinon comment comprendre la situation des États-Unis qui font la course en tête en ayant promu les mêmes principes organisationnels –, ni à une période de laxisme budgétaire et d'emballement inflationniste seulement observé au tout dernier moment. Partout dans le monde occidental, les entreprises ont pu, pendant cette période, développer une véritable planification, définir des stratégies de long terme impliquant des emplois stables, lier les prix et les salaires à la croissance de la productivité et innover (Shonfield, 1965/1969, p. 371-394). Les banques ont été cantonnées dans leur métier de base qui est de consentir des crédits à l'économie. Les dividendes sont restés relativement faibles, mais ont été versés régulièrement de manière à conserver la confiance des actionnaires. Les mouvements de capitaux ont été sévèrement contrôlés. L'État a été le garant de la stabilité en se livrant à une régulation conjoncturelle et en mettant en œuvre de grands programmes publics d'investissement. La protection sociale a été partout développée grâce à l'instauration de systèmes, certes variés, d'assurance chômage, santé et retraite. Les inégalités ont été partout réduites. L'État social n'a pas contrevenu à la liberté d'entreprendre, mais il a contribué à son expression en assurant la viabilité de l'économie de marché.

Curieusement, cette période n'a fait l'objet d'aucune analyse sérieuse de la part des économistes. D'un côté, les adeptes de la synthèse néoclassique en attribuent le succès à la seule régulation conjoncturelle, sans jamais considérer l'impact des changements structurels intervenus dans les domaines de la gouvernance des entreprises et de la finance, voulant croire que cette régulation était suffisante à assurer la stabilité de l'économie. De l'autre côté, les Cassandres, intégristes du libéralisme, annonçaient, dès la fin des années 1940, une inflation imminente et catastrophique qu'ils devront pourtant attendre pendant vingt ans, sans se préoccuper d'autre chose que de défendre les principes de libre marché et de libre entreprise.

Quand la régulation conjoncturelle a été mise en échec au seuil des années 1970, la pensée économique dominante n'était pas armée pour y faire face pour la raison simple qu'elle avait fait l'impasse sur la dimension structurelle du fonctionnement de l'économie, ignorant la complexité des relations entre l'offre et la demande. La défaite n'était pas celle d'une forme d'économie et de société, mais celle d'une pensée atrophiée. Allait lui succéder une pensée en forme de retour en arrière dont il apparaît *a posteriori*, au vu des faits, que la défaite était non moins inéluctable.

La défaite programmée

L'échec de l'activisme budgétaire au seuil des années 1970 a été le fourrier d'un retour en vogue du laisser-faire. Les mécanismes globaux de régulation ont été progressivement affaiblis. Se sont propagées les idées de neutralité monétaire et budgétaire, d'efficience des marchés financiers et de bien-fondé de réformes structurelles conçues pour rendre les marchés de biens et du travail plus flexibles. Un retournement des normes politiques et sociales s'est produit aux États-Unis avant de s'étendre à nombre de pays européens. L'économie de marché a étendu son emprise à l'ensemble du monde avec la chute du communisme, sans que cette extension ne s'accompagne d'une réelle régulation publique à l'échelle internationale.

Cette évolution a un double ressort : la liberté retrouvée des mouvements de capitaux, qui fait des marchés financiers l'arbitre des comportements des entreprises et des États, non sans faire resurgir le risque de crises systémiques, l'indépendance retrouvée des grandes entreprises qui peuvent échapper à la tutelle juridique des États en même temps qu'aux contraintes des marchés locaux de biens et du travail.

Le changement de règles en matière de politique économique et de gouvernance des entreprises, loin d'apporter la Grande Modération annoncée, s'est soldé, certes à des degrés divers suivant les pays, par une forte aggravation des inégalités de revenus, une hausse du taux de chômage ou du taux d'emplois précaires. Il aurait dû s'ensuivre rapidement un affaiblissement de la demande finale s'il n'avait été, un temps, masqué, au niveau microéconomique, par l'endettement accru des ménages à revenus faibles ou moyens et l'accès de ces mêmes ménages à des biens fabriqués à bas coût dans les pays émergents, au niveau macroéconomique, par des excédents commerciaux importants et durables ou le maintien d'importants transferts sociaux entraînant une hausse des déficits publics.

L'endettement des uns, pour qui le poids des remboursements s'est accru, et les gains spéculatifs des autres, utilisant leur excès d'épargne à l'achat d'actifs réels ou financiers existants dont les prix ont fortement augmenté, ont encore renforcé le creusement des inégalités et le risque systémique. Les excédents commerciaux des uns sont allés de pair avec les déficits des autres, faute qu'ait pu se produire ce que l'on a pu appeler le voyage de retour, c'est-à-dire le rééquilibrage progressif et mécanique des balances commerciales par le jeu des flux de financement de l'investissement. Un équilibre apparent a caché le mauvais usage de ressources financières trop souvent dévolues à des dépenses improductives.

Dans ce contexte, nombre d'entreprises ont recherché des gains immédiats en privilégiant des stratégies de recentrage et de fragmentation de leurs activités. Les détenteurs de capitaux, faute de vouloir s'engager et valider un processus de restructuration exigeant du temps pour aboutir, ont imposé ce type de stratégies. Les gouvernements ont coupé dans les dépenses publiques, notamment dans celles d'investissement à long terme, y compris ceux dont les comptes sont équilibrés sinon même excédentaires.

L'immédiateté des comportements n'était que le reflet d'une doctrine passée dans les faits. Une nouvelle défaite s'est profilée. Ce pourrait bien être celle d'une forme d'économie et de société qualifiées de néolibérales autant qu'une défaite de la pensée. Les difficultés rencontrées ont été d'autant plus facilement passées sous silence que la théorie économique dominante continuait d'exclure toute possibilité d'instabilité, ignorant l'impact des changements intervenus dans la gouvernance des entreprises autant que le rôle devenu pervers de la finance.

La résurgence des conflits

Au nom d'une certaine lecture de la concurrence, prétendument libre et non faussée, et de l'orthodoxie budgétaire, singulièrement en Europe, la croissance a été bridée, la précarité des travailleurs s'est accrue, une fracture sociale et territoriale a pris place, toutes choses qui expliquent la montée des revendications sociales et le retour du politique.

Loin de l'émergence vantée d'une société dynamique, ouverte et égalitaire, ce sont des sociétés fragmentées qui ont vu le jour avec, en perspective, la résurgence des anciens conflits, qui ne sont plus réellement arbitrés, la rupture des communautés constituées, qu'il s'agisse des entreprises ou des États, l'installation d'un capitalisme de rentiers à la recherche de gains immédiats.

Le conflit entre salariés et capitalistes redevient dominant. La mondialisation conduit à une dissociation géographique entre la création de valeur et la création d'emplois. Les grandes entreprises abandonnent, plus ou moins explicitement, l'idée que les salaires qu'elles versent alimentent globalement la demande. Ils privilégient la segmentation internationale des processus de production qui les conduisent à sous-traiter des segments à des entreprises de pays à bas salaires. Elles mettent en concurrence les systèmes sociaux et fiscaux dans le but de favoriser le moins-disant. Le tout dans une perspective de compétitivité. Au conflit entre salariés et capitalistes vient se greffer un conflit entre entreprises et États si d'aventure ces derniers persistent à vouloir privilégier l'emploi.

Dans le même temps, l'État, censé disparaître au profit des entreprises et des marchés, subit de profondes mutations. Il fait l'objet de démembrements avec la mise en place d'entités technocratiques réputées indépendantes, qui édictent des normes hors de tout débat sur leur signification et leur pertinence, et finissent par devenir les porte-parole d'intérêts privés, de groupes de pression, voire simplement de vieilles idées. Il obéit à des règles en matière de commerce international qui servent les intérêts de grands groupes au détriment de l'intérêt général. Il s'engage dans une concurrence fiscale et sociale dont l'objectif est de renforcer la compétitivité extérieure de l'économie. Les conditions sont alors réunies pour que se développent des conflits commerciaux interétatiques. Non seulement l'État ne se dissout pas dans le libre-échange, mais le libre-échange que l'on imaginait pouvoir s'étendre cède devant un protectionnisme conflictuel.

Le point commun entre ces conflits est qu'il n'y a plus réellement place pour quelque arbitrage que ce soit, débouchant sur un compromis et témoignant d'une volonté de coopération. Le pouvoir de marché comme celui des experts s'exerce sans concession. L'idéal est de peser tout de suite sur les événements pour être compétitifs. L'exigence commune aux différentes situations est de *s'adapter le plus vite possible* et d'obtenir des *gains immédiats* sur la base de décisions qui peuvent elles-mêmes être prises *dans l'instant*, sans délibération. Les gains obtenus par les uns le sont au détriment des autres. Le temps des décisions est ramené à sa plus simple expression : le temps unique de la confrontation, celui mesuré par une horloge mécanique que l'on pense, selon les opinions et les sensibilités, pouvoir avancer ou retarder. Ce qui ne veut pas dire que l'enchevêtrement de temporalités distinctes et la complexité du fait social se sont évanouis. Les conflits s'ouvrent sur un futur dont nul ne peut savoir de quoi il sera fait.

Quelle alternative au néolibéralisme ?

Les nations, qui composent un monde entièrement converti à l'économie de marché, sont clairement confrontées à un défi de portée philosophique et politique. Vers quel type de société allons-nous évoluer ? Une première hypothèse voudrait que puisse être maintenu le cap tracé par le néolibéralisme. Elle est peu crédible au regard des conséquences que nous avons décrites de la mise en œuvre de cette doctrine. Dès lors, faut-il se résoudre à voir se développer un capitalisme autoritaire ou peut-on considérer que le libéralisme social n'appartient pas forcément à un passé révolu ?

Le libéralisme social demeure, pour certains, le suspect usuel. Phelps (2013) l'assimile à un nouveau corporatisme qu'il accuse d'être à l'origine du déclin de la créativité et de l'innovation rien de moins que depuis le milieu du XXe siècle : un corporatisme qu'il définit par ses objectifs que sont « l'*intervention* de l'État plutôt que le désordre, la *solidarité* plutôt que l'individualisme, la *responsabilité sociale* plutôt que les comportements antisociaux […], la *codétermination* plutôt que le contrôle exclusif des actionnaires » (Phelps, 2013/2017, p. 203). Ces objectifs sont bien ceux du libéralisme social dont le principe même est condamné. La régulation propre au libéralisme social est dénoncée en ce qu'elle contribuerait à ruiner la confiance individuelle et l'esprit d'initiative au détriment de l'innovation et de la croissance, avec pour effet de susciter une demande de régulation encore accrue.

Les modèles d'économie comportementale ne disent pas autre chose. Ils mettent en avant, pour expliquer les défaillances de marché, non les interactions sociales, mais le jeu de comportements « irrationnels » dont il importe de corriger les biais au moyen de « coups de pouce » décidés par les entreprises ou les pouvoirs publics. Ce qui est désigné comme un « parrainage libertaire » n'a d'autre ambition que d'assurer un fonctionnement jugé idéal des marchés. La seule option offerte à la réflexion est de progresser dans le domaine des neurosciences afin de mieux connaître les mécanismes du cerveau humain et ses conséquences sur les comportements individuels.

Ces tentatives de sauver la doctrine néolibérale ignorent, délibérément, que le moment actuel dans l'histoire des idées et des faits est un moment charnière à bien des égards similaire à celui dont Polanyi (1944) entendait rendre compte quand il dénonçait, dans la société consacrant la domination du marché sur l'ensemble des relations sociales et politiques, l'utopie du marché autorégulateur aux conséquences potentiellement dévastatrices. « Notre thèse, écrivait-il, est que l'idée du marché s'ajustant lui-même était purement utopique. Une telle institution ne pouvait exister de façon suivie sans anéantir la substance humaine et naturelle de la société, sans détruire l'homme et sans transformer son milieu en un désert » (Polanyi, 1944/1983, p. 22). La « Grande Transformation » dont il faisait état n'était autre que la fin d'un libéralisme économique identifié à cette utopie du marché autorégulateur, à une économie de marché débarrassée de toute influence politique ou sociale, une économie dont on a pu imaginer qu'elle pouvait être « désencastrée » du social. Les désordres que la mise en œuvre de ses principes a provoqués ne pouvaient que susciter des réactions relevant du social et du politique. « En réalité, s'attendre à ce qu'une collectivité restât indifférente au fléau du chômage, aux mutations de ses industries et de ses métiers avec leur cortège de tortures morales et psychologiques simplement parce qu'à long terme les effets économiques seraient négligeables, c'était supposer une absurdité » (*ibid.*, p. 280).

Le débat qui s'était, alors, développé portait sur l'avenir du libéralisme. Alors que Hayek défendait la société de liberté et craignait que les idées dirigistes ne lui fassent emprunter la « route de la servitude » (Hayek, 1944), d'autres, défenseurs de la même société de liberté, s'enquéraient d'une évolution souhaitable et possible du libéralisme. Dewey (1935), constatant l'incapacité du premier libéralisme à affronter les problèmes qu'il avait engendrés, appelait non à renoncer au libéralisme, mais à le transformer. Lippmann (1937), constatant la débâcle du laisser-faire, dénonçait des règles préservant les avantages des classes dominantes, renonçait à l'idée que le marché obéirait à un ordre naturel, et attribuait à l'État une mission essentiellement politique et sociale, confiée à des experts, dont le but est d'améliorer les capacités cognitives des individus. Polanyi (1944) entendait soustraire au marché autorégulateur le travail, la nature et la monnaie, plaidait en faveur de régulations publiques protégeant des forces déstabilisatrices du marché, entravant la liberté de quelques-uns pour assurer celle de tous. Keynes (1926, 1939) constatait des tendances naturelles à la socialisation qu'il ne jugeait pas susceptibles de remettre en cause l'économie de marché, ne voulant pas confondre libéralisme et laisser-faire, ni socialisation avec étatisme. Il allait jusqu'à évoquer l'entrée dans une époque de socialisme libéral qu'il définissait comme un système nous permettant d'agir en tant que communauté organisée avec des buts communs et disposée à promouvoir la justice sociale et économique tout en respectant et en protégeant l'individu.

Ces constats et appréciations conservent tout leur sens quand la domination progressive des idées et pratiques néolibérales à partir des années 1970 a signé un retour de l'utopie dénoncée par Polanyi. Le marché ne s'est pas davantage révélé autorégulateur que par le passé. Les désordres créés ne pouvaient que susciter des réactions au sein de la société que l'État devait prendre en considération. Alors que le néolibéralisme s'est construit en opposition au politique en développant l'idée que les choix économiques doivent échapper à la pression des passions politiques pour rester entre les mains des experts, la réalité a vu le même retour du politique qu'autrefois et le même dilemme mettant en scène l'opposition entre un capitalisme autoritaire et un capitalisme fondé sur le libéralisme social, entre un État puissance dans un monde de souveraineté anarchique et un État régulateur dans un monde de souveraineté partagée.

Le libéralisme social (ou socialisme libéral) est, essentiellement, constitué d'un ensemble de règles de droit des sociétés, de droit de la concurrence, de droit social, de droit financier ou de droit budgétaire, de droit international, qui permettent aux managers, aux détenteurs de capitaux et aux travailleurs de pouvoir mener à bout un processus de construction d'une société efficace et équitable. Il reconnaît une place essentielle aux différentes communautés organisées constitutives de la société dans son ensemble et promeut des souverainetés partagées aux différents niveaux de responsabilité. Il procède d'un cadre juridique qu'on ne saurait réduire au respect des droits de propriété.

Sans nul doute, ces règles empiètent sur la liberté de choix de l'entreprise d'allouer des ressources, mais seulement dans la perspective de rendre son futur moins incertain et le chemin suivi, viable. Leur objet est de renforcer la pérennité de l'activité d'entreprise et la capacité d'innovation. Reconnaître la capacité de l'entreprise, soumise ou non au seul pouvoir des actionnaires, d'édicter elle-même des règles et de constituer un corpus juridique parfois qualifié de droit souple (*soft law*) ne saurait dispenser de mettre en œuvre des règles édictées par l'État – un droit fort (*hard law*) –, dont le caractère contraignant est bien ce qui rend la concurrence à la fois praticable et équitable.

Dès lors, rechercher stabilité économique et cohésion sociale aujourd'hui, c'est refuser des réformes qui se traduisent par une précarité accrue au sein des classes populaires, porteuse de dualisme, de creusement des inégalités et d'affaiblissement des capacités individuelles au risque de menacer l'innovation et la croissance. C'est reconnaître la nécessité de régulations publiques à même de concilier équité et efficacité.

Rechercher stabilité économique et cohésion sociale, s'agissant des entreprises, c'est, au lieu de relativiser leur objectif légitime de profit, reconnaître qu'elles constituent une coalition d'intérêts conciliables impliquant de faire une place significative aux salariés dans les modes de gouvernance au lieu de s'en rapporter au pouvoir des seuls actionnaires.

Rechercher stabilité économique et cohésion sociale, aujourd'hui, c'est reconnaître qu'il est nécessaire pour ces mêmes entreprises de disposer d'un capital patient et c'est concevoir en conséquence les réformes nécessaires du système bancaire et du pouvoir actionnarial.

Rechercher stabilité économique et cohésion sociale, c'est reconnaître qu'il est nécessaire pour les États de retrouver le chemin de coopérations mutuellement avantageuses. C'est, à cette fin, concevoir les clauses de sauvegarde à même de donner le temps aux acteurs de s'adapter aux évolutions nécessaires liées à l'ouverture des frontières, refuser toute forme de dumping fiscal ou social en même temps qu'un protectionnisme destructeur, s'engager dans la voie du maintien et de l'extension géographique de dispositifs communs en matière de droit des sociétés, de droit social, de droit fiscal et d'un droit de l'environnement répondant aux objectifs de solidarité et d'efficacité.

La société libérale au sens où on l'entend ici est un « système équitable de coopération *à travers le temps* » (souligné par nous, Rawls, 1993/1996, p. 42-43). Dans cette société, « les différences socio-économiques liées à des fonctions ou à des positions doivent être ajustées de façon qu'elles soient au plus grand bénéfice des membres les plus désavantagés de la société » (*ibid.*, p. 30-31). Cette société est clairement faite d'identité et de conflit d'intérêts. « Il y a identité d'intérêts puisque la coopération sociale procure à tous une vie meilleure que celle que chacun aurait en cherchant à vivre seulement grâce à ses propres efforts. Il y a conflit d'intérêts puisque les hommes ne sont pas indifférents à la façon dont sont répartis les fruits de leur collaboration, car, dans la poursuite de leurs objectifs, ils préfèrent tous une part plus grande de ces avantages à une plus petite » (Rawls, 1971/1987, p. 30). Les arbitrages nécessaires pour traiter des conflits ne conduisent pas nécessairement à des gains mutuels *immédiats*, mais ils ne conduisent personne à vouloir abandonner les règles constitutives de la coopération en société.

Initier, ainsi, ce qui peut être considéré comme une *réforme intellectuelle et morale* suppose, comme nous avons tenté de le faire, d'engager la bataille des idées sur le terrain de la théorie et de la politique économiques, renouant avec l'objectif d'associer stabilité et changement, efficacité et équité dans un monde décidément ouvert. Le libéralisme social dont il est question est sans doute *radical*, suivant l'expression de Dewey (1935). « Au sens où il ne peut plus se contenter, comme l'a longtemps cru la social-démocratie et comme le croient encore les partisans du "social-libéralisme", de simplement réguler les abus du capitalisme, mais où il doit bien plutôt reconstruire *collectivement* et *à la racine* le cadre institutionnel servant de base à l'organisation économique et cognitive » (Stiegler, 2019, p. 146). Le moment est, de nouveau, venu de penser les structures économiques et sociales qui limitent les pertes associées au changement et rendent acceptables, sinon faisables, les inévitables compensations.

La société dont il est question n'est ni celle des petites communautés autonomes dont rêvaient les socialistes utopiques, ni celle de la planification centralisée expérimentée par les socialistes étatistes, ni celle du marché total que les néolibéraux ont imaginé pouvoir installer. Elle est cette construction hybride conçue pour mettre en valeur les intelligences collectives inhérentes aux différentes communautés qui la structurent.

Le propre de cette société est d'être organisée de façon à répondre aux désordres « normalement » liés à la multiplicité des temporalités spécifiques des différents processus et des différents acteurs, en créant les conditions d'adaptations graduelles. Le principe de choix discrétionnaires (de la liberté de choix) est ainsi préservé tout en étant subordonné à ce qui peut être considéré comme des règles, celles qui garantissent le gradualisme, clé du maintien des attitudes coopératives et solidaires.

Le propre de cette société est d'être organisée de manière que les conflits d'intérêts pleinement reconnus soient l'objet de compromis passés aux différents niveaux de décisions, au sein des différentes communautés, qui sont l'essence de la démocratie représentative et de la démocratie sociale seules à même de faire prévaloir le temps long sur le temps court.

Le principal obstacle qui se dresse devant cette société, aujourd'hui, tient à la rupture introduite par la mondialisation dans les communautés constituées. Le voile d'ignorance imaginé par Rawls, qui rend crédibles les comportements de solidarité au sein de la société libérale, est déchiré quand la société se morcelle en catégories qui prennent chacune conscience de leur spécificité et la revendiquent, quand l'État providence est délégitimé et que l'assurance privée ou la charité prennent le pas sur l'assurance sociale, quand le consentement à l'impôt s'est émoussé et quand l'aide sociale est dénigrée. De fait, les États voient leurs politiques de l'emploi et du revenu subordonnées à l'objectif de libéralisation des échanges et sont contraints par les mouvements de capitaux. Les managers des grandes entreprises s'affranchissent des régulations nationales ainsi que des relations de coopération avec les autres parties prenantes dans l'entreprise, qui existaient jusque-là. La fraction de la population bénéficiaire de la mondialisation n'accepte plus de financer les transferts en faveur du reste de la population, créant une fracture territoriale au sein de différents pays. La coopération entre égaux cède devant la lutte de tous contre tous. L'alternative aux espoirs déçus du néolibéralisme pourrait alors être l'irruption d'un nationalisme dominateur de plus en plus mis en avant par des gouvernements de pays émergents ou développés, en fait de capitalismes autoritaires, affichant un libéralisme économique de façade, restreignant la démocratie libérale, et potentiellement en conflit les uns avec les autres.

APPENDICE

Équilibre, séquence et temps dans l'histoire de la pensée économique

Les faits obéissent à des rythmes qui ne sont pas nécessairement ceux que retiennent les théories censées en percer la nature. Qui plus est, les théories ou les idées un moment dominantes façonnent règles et comportements et dictent, en partie, leurs rythmes aux événements. Cet enchevêtrement de *temporalités* distinctes structure l'évolution économique et sociale.

La relation complexe sinon ambiguë entretenue entre les idées et les faits économiques tient à cet enchevêtrement dans un contexte où le capitalisme industriel, qui commande la vie économique depuis plus de deux siècles, est systématiquement porteur de *nouveauté*, n'est pas et n'a jamais été un état stabilisé de la société obéissant à des règles ou à des normes inchangées censées camper un modèle idéal. À chaque rupture importante, les idées installées, devenues des croyances irraisonnées sous des apparences de raisonnement scientifique, ont conduit à des appréciations et à des choix politiques parfois erronés. Keynes ne disait-il pas déjà, en conclusion de la *Théorie générale de l'emploi, de l'intérêt et de la monnaie* (1936), que les hommes politiques, qui se croient immunisés de toute influence intellectuelle, sont souvent les esclaves de quelque économiste défunt, et que ce sont les idées, bien plus que les intérêts constitués, qui sont influentes pour le meilleur comme pour le pire ?

Les révolutions qui jalonnent l'histoire de la pensée économique nous rappellent aussi bien le poids des idées que la prégnance des faits, mais bien plus sûrement la difficulté récurrente des différentes théories économiques à appréhender le déroulement de l'histoire, cette suite d'événements articulés les uns avec les autres, sans qu'il soit jamais possible de revenir sur ses pas et sans qu'il soit davantage possible de tracer *a priori* un devenir. Faut-il alors conserver le principe suivant lequel il existe un équilibre ou, au contraire, considérer que l'évolution est, par nature, hors de l'équilibre ? Doit-on maintenir qu'il existe des lois naturelles ou, au contraire, reconnaître que les lois de l'économie sont essentiellement contingentes, impliquant de considérer l'influence d'un contexte institutionnel lui-même changeant au gré de nouvelles contraintes ou de ruptures dans l'ordre politique et social ? Doit-on se rallier à une vision formaliste dite scientifique et finalement atemporelle de la théorie économique ou, au contraire, concevoir une approche évolutionnaire dont la quintessence réside dans l'explicitation forcément partielle des temporalités propres aux différents phénomènes constitutifs du changement ? Telles sont les questions d'ordre méthodologique et épistémologique que maints économistes parmi les plus grands se sont posées, ayant ce souci de nous éclairer sur le rôle du *temps* en économie.

De la méthode de l'équilibre...

Smith et Ricardo, souvent désignés comme les pères fondateurs de l'économie politique, avaient déjà posé les termes du débat. Smith, dans l'*Enquête sur la nature et les causes de la richesse des nations* (1776), avait pour ambition d'identifier les *sources* de la croissance dont il pressentait qu'elle était au cœur du système industriel en train de naître. Il faisait, d'entrée de jeu, mention du *processus* de création de richesse résultant de l'interaction entre la division du travail et l'extension du marché. Il montrait que les rendements croissants résultant de l'élargissement de la base productive de l'économie rendent possibles non seulement la croissance du produit, mais aussi une amélioration du niveau de vie grâce à une hausse des salaires.

Ricardo, dans les *Principes d'économie politique et de l'impôt* (1821), confronté à la première crise industrielle, s'intéressait aux *limites* de cette même croissance et montrait qu'en raison de la rareté de la terre et d'un salaire réel constant (rivé au minimum vital) la rente foncière augmentait au détriment du profit et de l'accumulation de capital. Il en concluait que l'économie convergeait vers un *état* stationnaire, non sans admettre qu'un autre *équilibre* était possible si la technique de production était améliorée avec l'introduction de machines ou si l'ouverture aux échanges internationaux réduisait le montant de la rente. Alors que Malthus, au même moment, s'interrogeait sur les effets immédiats de changements particuliers, Ricardo jugeait ces derniers passagers et fixait son attention sur l'état permanent qui en résultait.

Le décor est ainsi planté. Il est bien question de dynamique, mais la méthode pour en traiter oscille entre une démarche évolutionnaire, celle de Smith ou de Malthus, et une démarche en termes d'équilibre à laquelle Ricardo a ouvert la voie. L'une considère que l'économie suit un sentier qui se construit pas à pas comme fruit de l'interaction entre l'offre et la demande, l'autre suppose qu'elle a un futur déjà tracé par les conditions exogènes de production qui le contraignent.

La théorie néoclassique originelle s'inscrit dans cette deuxième perspective en faisant de l'équilibre le résultat de choix qu'effectuent consommateurs et producteurs entre plusieurs opportunités sur la base de prix communiqués par le marché. Il est, alors, question d'une *allocation des ressources* qui procède de la *substitution* entre biens comme entre facteurs de production, obéissant à des signaux de prix. Cet équilibre est un *optimum social* au sens de Pareto, signifiant que la situation d'un individu ne peut être améliorée sans détériorer celle d'au moins un autre individu. Par analogie avec la mécanique classique, c'est une position de repos vers laquelle l'économie ou le marché devrait pouvoir tendre une fois données les dotations initiales. Par dynamique, on entend ce mécanisme d'adaptation à des déséquilibres qui permet de converger vers un état identifié grâce à l'analyse statique, un mécanisme logiquement instantané.

La théorie de l'équilibre général est emblématique de cette approche. Dans les *Éléments d'économie politique pure* (1874), Walras écarte toute référence au temps et avec elle les considérations relatives à l'incertitude, aux anticipations, aux changements technologiques ou démographiques. Il limite, principalement, son attention aux décisions prises *à un moment donné du temps* sans en suivre les effets *dans le temps*. Il propose une vision idéale de la formation de capital, le capitaliste se bornant à accumuler une épargne pour la prêter aux entrepreneurs. « Ainsi, l'équilibre de la capitalisation s'établira d'abord *en principe*. Il s'établira ensuite *effectivement* par la livraison réciproque des épargnes à amasser et des capitaux neufs à livrer *pendant la période de temps considérée, sans changement dans les données du problème* pendant cette période. L'état économique reste *statique* quoiqu'il devienne progressif en vertu de cette circonstance que les capitaux neufs ne fonctionnent que dans une période subséquente à celle considérée » (Walras, 1874, p. 377).

Marshall, dans les *Principes d'économie* (1890), tente, en revanche, de prendre en considération la *temporalité* des phénomènes économiques en dissociant le court terme du long terme, en désignant par court terme une période au cours de laquelle compétences, machines et technologies sont données et par long terme une période au cours de laquelle ces données deviennent des variables. Sans se départir du concept d'équilibre, il fait une place aux mécanismes d'adaptation et de convergence par les prix (en ultracourte période) ou par les quantités (en courte période).

C'est de cette même distinction que Keynes, dans la *Théorie générale de l'emploi, de l'intérêt et de la monnaie* (1936), va s'emparer quand il définit un équilibre macroéconomique de courte période comme étant le niveau de revenu et d'emploi établi dans une période de temps au cours de laquelle le stock de capital et la technologie ne varient pas. Keynes fait dépendre cet équilibre d'un *état donné des anticipations des entrepreneurs*. Cette démarche puise sa cohérence dans le fait que la période en question est réputée autocontenue (*self-contained*) en étant coupée de ce qui précède comme de ce qui suit. Le court terme obéit aux forces de la demande, le long terme, aux forces de l'offre sans que les unes n'interfèrent avec les autres. L'équilibre de court terme est indépendant de l'équilibre de long terme pour autant que ce dernier existe, ce que Keynes rejetait.

Cette dichotomie entre courte et longue période n'a plus cours dès lors qu'est reconnue l'existence de liens interpériodiques. Avec la nouvelle théorie classique, telle qu'elle se constitue dans les années 1970, ces liens prennent la forme d'effets *intertemporels de substitution* (entre consommation présente et consommation future) qui structurent les *choix individuels*. L'allocation des ressources, de ponctuelle, devient *intertemporelle*. La courte période disparaît en étant, en quelque sorte, commandée par la longue période dont le profil éventuellement cyclique est *prédéterminé*.

La macroéconomie moderne initiée par Lucas (1972), dont les prolégomènes sont communs à la nouvelle école classique et à la nouvelle école keynésienne, obéit à cette démarche. Elle établit un pont avec la théorie statique de l'équilibre général intertemporel définie par Arrow et Debreu (1954) en introduisant les *anticipations rationnelles* et en y adjoignant une dimension *dynamique et stochastique*. Le comportement de l'économie globale procède de l'*optimisation* de leur *utilité intertemporelle* opérée par des consommateurs soumis à des chocs stochastiques de productivité. Au lieu qu'il soit besoin d'un commissaire-priseur extérieur au champ de l'économie pour fixer instantanément les prix d'équilibre comme l'entendait Walras, les consommateurs, ayant cette connaissance du futur qu'incarnent les anticipations rationnelles, sont capables d'établir eux-mêmes ces prix. La théorie néoclassique se trouve ainsi métamorphosée.

De fait, l'analyse moderne abandonne le concept originel d'équilibre emprunté à la mécanique, impliquant de distinguer une position d'équilibre d'une position de déséquilibre, pour lui substituer un *concept mathématique* d'équilibre signifiant que l'économie est, en permanence, à l'équilibre, un équilibre exprimant désormais un choix optimal des agents économiques sous diverses configurations de l'information à laquelle ces derniers ont accès. De position particulière de l'économie, l'équilibre en devient le *langage*. Cette conceptualisation est le fruit d'une axiomatisation qui veut que tout découle de *principes premiers* qui reconnaissent aux agents, dotés de préférences spécifiées et assurés d'être techniquement efficaces, la capacité d'optimiser leurs actions dans le temps sur la base de leur connaissance de la manière dont fonctionne l'économie. Se constitue ainsi une métathéorie « *logiquement* et complètement disjointe de ses interprétations » (Debreu, 1959/1965, p. viii).

Les événements futurs rationnellement anticipés sont ramenés au temps présent. La compression du temps en un seul instant décisionnel va de pair avec l'élimination de la référence à tout déséquilibre de marché. Au défaut de compatibilité des plans individuels, signifiant que les marchés sont en déséquilibre, a été substitué un possible défaut de coordination sur le « bon » équilibre résultant d'imperfections (ou défaillances) de marché. « Paradoxalement, l'accès à l'intertemporalité est aussi éloignement de la dynamique, même rudimentaire, d'ajustement, pour laquelle l'équilibre est caractérisé comme point stationnaire » (Dos Santos Ferreira, 1989, p. 402).

C'est à un changement méthodologique et épistémologique que l'économie se trouve ainsi conviée qui l'inscrit dans l'histoire des mathématiques au moment où « la *mathématique du temps*, qui trouve son origine dans la révolution newtonienne et s'est développée en symbiose avec le calcul infinitésimal classique, a été défaite par une mathématique *statique et atemporelle* » (Ingrao et Israël, 1987/1990, p. 186). Ainsi, « la ruée logistique, axiomatique, formelle, ne fut pas seulement propre aux mathématiques. Le tsunami a touché tous les rivages de la mer Encyclopédie. Physiciens ou philosophes, sociologues ou biologistes, nous étions tous des formalistes. Jusqu'à la rigueur, certes, et puis, jusqu'à l'excès » (Serres, 1980). L'économie, ici curieusement oubliée, a été la première des disciplines touchées par le raz de marée.

Le plus étrange de cet épisode de l'histoire de la pensée économique est qu'au moment où les théoriciens de l'équilibre général concluent à l'impossibilité d'en démontrer la stabilité la macroéconomie moderne en retient les principes premiers. Celle-ci s'inscrit dans une catégorie d'analyse que Georgescu-Roegen (1974) qualifie de *mathematico-imaginative*, car « illustrée par des exercices mathématiques supposant que la demande future est connue jusqu'à la fin des temps, ou présupposant que le facteur d'escompte de tous les degrés futurs d'utilité (ou de désutilité) est également connu » (Georgescu-Roegen, 1974/1976, p. 235).

La raison du succès rencontré en macroéconomie par cette catégorie de modèles grâce à la révolution des anticipations rationnelles tient, certes, à l'impasse dans laquelle s'est trouvée la politique économique d'inspiration keynésienne face aux événements, mais aussi à la faiblesse de son ancrage théorique. « La révolution keynésienne telle qu'elle a pris racine aux États-Unis était en grande partie une révolution de la politique sans théorie. Ce vide théorique attendait d'être comblé par la vieille théorie dans de nouveaux habits mathématiques » (Skidelski, 2009, p. 101).

... à la méthode séquentielle

Une autre catégorie d'analyse a, pourtant, toujours existé, quoique sans avoir connu le même succès. Elle entend traiter de la *physiologie du développement* et rompre avec la notion d'équilibre.

Malthus, dans les *Principes d'économie politique* (1820), analyse une économie *hors de l'équilibre*, entendue comme une économie mue par des changements qui engendrent des déséquilibres entre offre et demande. Alors que la régularité de la croissance exige une correspondance entre l'offre additionnelle et la demande additionnelle, il avance l'idée que les déterminants de l'une et de l'autre sont différents, les conditions techniques pour la première, les conditions sociales pour la seconde. De là sa conviction que le progrès de la société est fait de mouvements irréguliers et qu'omettre de les considérer, c'est se priver de connaître les causes de la richesse et de la pauvreté des nations. Il est ainsi question de l'évolution contrastée des différentes variables économiques et de la complexité de leurs multiples *interactions dans le temps*.

Walras lui-même, dans les *Éléments d'économie politique pure*, quand il considère les conditions et conséquences du progrès économique, souligne que l'offre effective n'est jamais égale à la demande effective, que la redistribution entre les secteurs des services producteurs est lente, en bref, que le marché est comme « un lac agité par le vent et où l'eau cherche toujours son équilibre sans jamais l'atteindre » (Walras, 1874/1988, p. 580). Il croit, certes, en l'existence d'un idéal qu'il entend comme une vérité économique pure et il préconise de réformer la société pour y parvenir. Mais il prend soin d'alerter sur le danger qu'il y aurait à vouloir plier *autoritairement* et *immédiatement* la réalité à l'idéal dont naîtrait, selon lui, un esprit révolutionnaire, « une des plus funestes et des plus dangereuses maladies dont un peuple puisse être atteint » (Walras, 1898, cité par Dockès, 1996, p. 162-163).

Marshall, dans les *Principes d'économie* (1890), tout en se référant à différents concepts d'équilibre, conçoit le développement comme l'adaptation graduelle, naturelle, rationnelle de la sphère de la production à l'évolution des besoins et à l'accroissement des connaissances. La transformation et l'absorption des connaissances prennent du temps. Les innovations techniques et les changements de préférence affectent graduellement la demande. Ces forces à l'œuvre produisent des événements aux cadences différentes, plus ou moins rapides, jusqu'à ce que la longue suite d'ajustements conduise à un nouvel état de repos de l'économie, à condition bien sûr que ne surviennent pas de nouveaux chocs.

Schumpeter, dans la *Théorie du développement économique* (1934), reconnaît dans les innovations le moteur de l'évolution, mais surtout décrit ces dernières, quelle que soit leur nature particulière, comme porteuses de ruptures de ce qu'il appelle le flux circulaire (*i.e.* l'équilibre général), le conduisant à distinguer changement qualitatif et changement qualitatif. « Le développement dans notre sens est un phénomène distinct, entièrement étranger à ce qui peut être observé dans les flux circulaires ou dans les tendances vers l'équilibre. C'est un changement spontané et discontinu des flux, une perturbation de l'équilibre, qui altère pour toujours l'état d'équilibre existant préalablement » (Schumpeter 1934/1935, p. 64).

Par la suite, dans *Capitalisme, socialisme et démocratie* (1941), il explique qu'il n'existe aucun équilibre prédéterminé, que le capitalisme est un monde de marches et de contremarches, de guerre perpétuelle entre entreprises concurrentes, un monde dont la viabilité dépend de pratiques monopolistes et non de la réalisation d'un état mythique de concurrence parfaite. Il en appelle à une analyse dynamique en rupture avec les théories de l'équilibre et faite de « séquences temporelles », considérant « qu'une fois l'équilibre détruit par quelque perturbation que ce soit, le processus pour en établir un nouveau n'est ni aussi sûr, aussi rapide et aussi économique que la vieille théorie de la concurrence parfaite imaginait qu'il était ; et la possibilité existe que la lutte même pour l'ajustement conduise un tel système à s'éloigner de plus en plus au lieu de se rapprocher d'un nouvel équilibre » (Schumpeter, 1941/1979, p. 103).

Ce dont il est question, c'est d'appréhender les propriétés d'un processus, celui de *destruction créatrice*, nullement assimilable à un équilibre intertemporel ainsi qu'il est malencontreusement interprété dans les modèles de la théorie moderne de la croissance.

Dans cette perspective, l'avenir n'est pas écrit. Il est le produit de bifurcations et de changements de régime largement imprévisibles. L'accent est mis sur le *processus* et non sur un point d'arrivée prédéterminé. Technologies, préférences et institutions sont le produit de l'évolution. Les choix successifs sont subordonnés aux contraintes *héritées du passé* dont le capital et la monnaie sont les véhicules. Le *temps* proprement dit, un temps réel qui s'écoule dans une seule direction, est au centre de la scène. En lieu et place de l'unicité du temps d'horloge, les *temporalités propres* à chaque phénomène ou événement s'enchevêtrent les unes avec les autres. Le devenir de l'économie dépend des conditions de *coordination* entre les différents acteurs et relève de *la création de ressources*.

La dichotomie entre courte et longue période perd ici toute signification du fait de l'existence d'effets *intertemporels de complémentarité*. Les contraintes nées, à chaque étape, des erreurs de prévision affectent les décisions à venir. Le chemin suivi est le fruit d'un processus d'essais et d'erreurs, d'adaptation et d'apprentissage. La longue période n'a plus d'existence propre, pas plus d'ailleurs que la courte période. Le temps s'écoule dans un seul sens sans qu'il soit possible ni d'en connaître *a priori* l'orientation ni de revenir en arrière.

Une analyse séquentielle s'impose consistant à suivre pas à pas ce qui arrive. Initiée par Wicksell, adoptée par les économistes de l'école suédoise (Lindahl, Lundberg, Myrdal) et par Keynes dans le *Traité sur la monnaie* (1931), elle est clarifiée par Hicks (1965, 1985). Celui-ci établit une distinction entre un équilibre en un point du temps (ou sur une période élémentaire) et l'équilibre au cours du temps (ou sur une succession de périodes élémentaires), laquelle se substitue à la distinction entre courte et longue période. L'équilibre en un point du temps est la position d'une économie (ou d'un agent) qui satisfait son objectif de profit ou d'utilité compte tenu des contraintes héritées et des anticipations. L'équilibre au cours du temps requiert qu'il y ait équilibre en chaque point du temps. Si tout équilibre en un point du temps est basé sur des anticipations qui lui sont propres, l'équilibre sur une période de temps requiert que les anticipations des différents agents soient compatibles entre elles et avec ce qui arrive effectivement dans la période, autrement dit que les anticipations soient réalisées ou n'induisent pas de modifications des plans mis en œuvre (Hicks, 1965, 1985).

Dans le cas général, des erreurs sont commises, des contraintes imprévues en résultent sous la forme de stocks réels et financiers constitués involontairement, les anticipations doivent être révisées à chaque étape. L'équilibre sur une période de temps (de longue période ou intertemporel) n'existe pas. Il reste que le jeu des forces de déséquilibre à l'œuvre au cours du temps est complexe autant qu'imprévisible. En l'absence de solution analytique, il ne peut être analysé qu'au moyen de simulations numériques (Amendola et Gaffard, 1988, 1998, 2006).

Kaldor (1972) dénonce, également, le défaut de pertinence de l'analyse en termes d'équilibre. Il ne croit pas que l'on puisse définir une fonction ou un ensemble de production. La raison en est que les techniques ou activités alternatives ne sont pas données, mais doivent être découvertes. Il croit, en revanche, que chaque réorganisation des activités de production crée l'opportunité de changements ultérieurs qui n'auraient pas existé autrement. Il juge que l'état de l'économie dans une période ne peut pas être prédit sinon comme résultat de la *séquence* des événements des périodes antérieures qui y ont conduit. Reconnaissant, à la suite de Smith, le caractère dominant des rendements croissants, il établit ce qu'il dénomme le théorème d'un changement endogène et cumulatif, signifiant que le processus de développement peut être vu comme la résultante de l'*interaction continue* entre accroissements d'offre et accroissements de demande. Cette interaction s'inscrit dans un contexte institutionnel seul à même de rendre la croissance effective et le sentier suivi, viable. Détenteurs de capitaux et marchands jouent un rôle essentiel en tant qu'intermédiaires dans la *transmission des déséquilibres*, à raison de l'importance des stocks dans le déroulement du processus.

Existe-t-il des lois en économie ?

Le débat sur les méthodes d'analyse dynamique en cache un autre : celui sur les lois qui gouvernent l'économie. Alors que la référence à l'équilibre est porteuse d'une théorie générale au sens d'une théorie axiomatique constituée de lois constantes, la référence à la notion de séquence est porteuse de théories nécessairement partielles, faisant valoir des lois contingentes à l'environnement historique, politique et institutionnel.

Fondamentalement, l'analyse économique en termes d'équilibre procède de la position philosophique suivant laquelle il serait possible d'accéder à la compréhension du fonctionnement, essentiellement rationnel, du monde et, par voie de conséquence, de concevoir un ordre (des règles et des institutions) qui serait le produit de cette compréhension. L'analyse en termes de séquence procède de la position philosophique suivant laquelle la connaissance du monde n'est jamais atteinte, signifiant que l'on ne peut se fier à aucune loi naturelle.

Des lois constantes, indépendantes du contexte institutionnel, sont des fonctions du temps d'horloge (de l'intervalle mesuré par cette horloge) et sont donc invariables par rapport au temps historique, la même cause produisant toujours le même effet. Elles renvoient à une notion particulière de causalité, la *causalité contemporaine* qui s'oppose à la *causalité séquentielle* (Hicks, 1979, p. 73-102). Une causalité contemporaine signifie que l'effet est *contemporain* de la cause y compris quand celle-ci est un état donné des anticipations. Une augmentation du revenu entraîne mécaniquement une augmentation de la consommation. Une augmentation des coûts entraîne mécaniquement une augmentation des prix.

Rien n'est dit ou considéré sur l'opportunité ou sur la possibilité de répondre au signal qui a été émis, ni sur un éventuel délai entre la prise de décision et sa réalisation. La période de temps de référence est une période comptable, par définition complètement arbitraire, dont la durée n'a pas d'influence sur les résultats obtenus. L'économie décrite est une économie tout entière ordonnée en flux de production, de consommation, d'investissement définis sur cette période arbitraire de référence. Aucun stock accumulé involontairement n'est pris en considération. Un individu qui expérimente une nouvelle situation ne modifiera pas ses préférences. Un individu qui est contraint au chômage conservera ses compétences.

Une causalité *séquentielle*, au contraire, est la négation de l'existence de lois constantes. Elle signifie que l'effet se produit *ultérieurement* à la cause qui le produit, y compris quand il s'agit d'anticipations. Pour cette raison, une même cause ne produit pas toujours le même effet. Les décisions apparaissent pour ce qu'elles sont, c'est-à-dire des choix contraints par l'héritage du passé et créateurs de contraintes futures. Ce sont des jalons le long de la chaîne causale. Elles appellent une appréciation sur l'opportunité et la possibilité des choix impliqués à chaque étape. Des délais deviennent décisifs dans le déroulement de l'évolution : le délai qui s'écoule entre le signal (en provenance du marché ou des autorités incluant des anticipations) et la prise de décision ; le délai qui s'écoule entre cette dernière et sa réalisation. Ces délais peuvent être très variables. La réaction au signal peut être rapide ou lente pour des raisons objectives ou subjectives. Il en est de même de la réalisation de la décision prise. Une augmentation du revenu n'entraîne pas forcément une augmentation de la consommation à la fois parce que le consommateur peut attendre d'en savoir plus sur le signal envoyé et parce que les biens qu'il entend demander ne sont pas immédiatement disponibles. Une augmentation des coûts n'entraîne pas une augmentation des prix parce que l'entrepreneur attend de savoir ce que vont faire ses concurrents et parce qu'il est éventuellement lié par des contrats de moyen terme avec ses clients ou parce qu'il préférera diminuer son taux de marge. La détention de réserves, qu'il s'agisse de stocks réels ou de liquidités, influence la longueur de ces délais dans un sens ou dans un autre. Il en est de même de l'accès à des lignes de crédit. Les anticipations sont essentiellement *endogènes* au processus économique, changent en cours de route et dépendent du contexte institutionnel et organisationnel. L'action de chacune des forces présentes dans l'économie change de nature constamment sous l'influence des autres, ces influences réciproques s'exercent *dans le temps*, chacune à son *propre rythme*. Ce dont Marshall (1890), dont on sait qu'il associait l'économie davantage à la biologie qu'à la mécanique, avait l'intuition quand il écrivait que « l'impact d'une force économique change constamment sous l'influence des autres forces agissant autour d'elles », ajoutant que « toutes ces influences mutuelles mettent du temps à prendre place et, en règle générale, il n'y a pas deux influences qui s'exercent à la même vitesse » (Marshall, 1890, p. 306).

Les événements successifs, dits de court terme, sont étroitement interdépendants les uns des autres, signifiant que le long terme procède d'ajustements effectués à court terme de même que les conditions prévalant à court terme sont le résultat de choix antérieurs, publics et privés. De l'environnement social, politique, historique, institutionnel dépendent les comportements, les anticipations, les politiques et, finalement, la viabilité des économies et sociétés concernées. « Sans ce contenu institutionnel, les principes ne sont que des "boîtes vides", à partir desquelles on ne peut obtenir que des généralités vides » (Georgescu-Roegen, 1971, p. 324).

La contingence reconnue des lois qui gouvernent l'économie emporte négation de l'idée de stabilité intrinsèque des économies de marché. Elle emporte également négation aussi bien de l'existence d'une société idéale de marché définie indépendamment du temps et du lieu, telle que la conçoit Walras, que d'un déterminisme historique dont Marx fait la théorie : deux visions distinctes de la place de l'histoire qui ne sont pas aussi radicalement différentes qu'il y paraît (Dockès, 1996, 2014), deux visions de l'histoire que démentent les faits.

Il existe, sans nul doute, une histoire longue faite d'une succession de systèmes institutionnels, chacun avec sa cohérence propre et ses contradictions. Il n'existe pas de fin de l'histoire incarnée dans un système idéal définitivement stabilisé impliquant d'interpréter le système concret en termes de retard ou de rattrapage par rapport à cet idéal, tant est vraie la pluralité des possibles.

L'économie est-elle une science ?

Les crises successives et les remises en cause des théories dominantes du moment qu'elles occasionnent font parfois douter de la scientificité de l'économie. Ce n'est pourtant pas la théorie économique en général qui devrait être sur la sellette, mais la démarche analytique suivie.

La démarche, dont relève la théorie « moderne », se rapporte à l'existence d'un état du monde idéal transcendant les différences historiques, sociologiques ou culturelles et obéissant à des principes premiers. Le fonctionnement « normal » de l'économie, réduit à un équilibre intertemporel, repose sur les neutralités présumées de la monnaie, du budget et de la finance. Les décisions obéissent à des indicateurs qui sont le reflet de ces neutralités et donnent une image de la croyance ayant présidé à leur élaboration plutôt que de la réalité elle-même. Elles se veulent l'expression d'une compréhension rationnelle et unitaire du monde. Elles induisent une prescription générale qui est de se conformer à une réalité objective intelligible, rationnellement décryptée et atemporelle. Une raison transcendantale sous la forme de principes axiomatiques investit la place désormais refusée aux jugements moraux. Dans ce monde virtuel, la stabilité des prix, l'équilibre budgétaire, une rentabilité des capitaux réclamée par les actionnaires, une grille des rémunérations censée correspondre à la contribution de chacun à la création de richesses deviennent des objectifs revendiqués en même temps que des indicateurs de performance. Ils sont censés résulter de choix individuels optimaux retenus en dehors de toute interaction sociale et de tout conflit d'intérêts.

Reconnaître, à l'opposé, que les interactions sociales comptent davantage que les utilités individuelles, que les lois sont contingentes et ont un contenu institutionnel, c'est prendre le parti d'une analyse économique relevant davantage d'une discipline inductive que d'un corpus scientifique organisé autour d'axiomes.

La démarche inductive prend acte de l'enchevêtrement des événements, reconnaît la possibilité du désordre comme effet de cet enchevêtrement et recherche les moyens de le contenir : des moyens culturellement, historiquement, politiquement et sociologiquement situés. Elle met l'accent sur des règles de décision et des procédures d'apprentissage obéissant à des algorithmes qui ont cet avantage d'éviter « la distinction traditionnelle marquée en économie entre préférences "données" et formation de préférences, technologie et changement technologique, entre équilibre et apprentissage ou adoption » (Leijonhufvud, 1993, p. 5). Elle fait valoir « les structures institutionnelles et les conventions comportementales qui émergent dans la société pour permettre aux personnes d'interagir avec une confiance raisonnable dans la prévisibilité des résultats de leurs actions » (*ibid.*).

Cette démarche rompt avec une épistémologie mécaniste qui véhicule la conception du processus économique comme système clos ou flux circulaire alors qu'il est *unidirectionnel*, sinon *irrévocable*, comme l'est un processus physique ou biologique. « Le dogme mécanique a été abandonné même en sciences physiques. Nous devrions alors considérer comme un signe de maturité la réorientation de toute science loin de la croyance que toutes les lois temporelles doivent être des fonctions du temps d'horloge » (Georgescu-Roegen, 1971, p. 139).

Suivant cette démarche, il n'est pas possible de déduire les propriétés du tout de celles des parties, il n'est pas non plus possible de déduire d'une ou de plusieurs observations d'un même résultat obtenu à partir d'une combinaison de facteurs ce qu'il adviendra de cette même combinaison une autre fois. La nouveauté, au cœur de l'économie de marché, n'est pas assimilable à une simple projection vers le futur à partir des données présentes. Elle n'est pas davantage le résultat d'une induction depuis un futur rationnellement anticipé. Le processus économique ne saurait être déterminé par les seules conditions initiales et encore moins par des conditions futures rationnellement anticipées. Ce qui arrive en cours de route, les essais et erreurs, l'apprentissage, la création d'information et de connaissance, l'articulation, étape après étape, des décisions et des contraintes, sont déterminants du chemin suivi qui ne peut jamais être l'objet d'une croyance établie *ex ante*.

La pertinence de cette démarche analytique tient à sa capacité d'appréhender les temporalités propres aux différents événements et aux différents acteurs, pour partie dictées par les idées dominantes. Il en ressort qu'identifier le temps long à des forces extérieures au champ de l'économie rend les acteurs paradoxalement myopes, uniquement appliqués à respecter des règles censées les faire échapper aux contingences du temps alors qu'elles les précipitent dans le désordre à plus ou moins brève échéance. Prendre acte de l'incertitude et de l'irréversibilité exige, au contraire, de penser les moyens pour que ces mêmes acteurs aient le souci et la capacité de maîtriser un futur plus ou moins éloigné.

Le propos n'est pas seulement de l'ordre de l'*économie positive*. Il ne s'agit pas seulement de déterminer comment les acteurs se comportent au regard du temps court comme du temps long et quelle est la situation effective de l'économie qui en résulte. Il s'agit aussi de savoir pourquoi chacun se comporte en ayant le souci de ce que font les autres et de rapporter ce comportement non pas à une situation *optimale*, mais aux conditions d'une évolution *viable* de l'économie. Ce qui relève d'arbitrages institutionnels ou organisationnels, autrement dit de *l'économie normative*.

En l'occurrence, les normes n'obéissent ni à des principes axiomatiques ni à des critères moraux. Elles ont un caractère *contingent* en étant transformées par l'*expérience*. Elles sont le reflet de choix politiques résultant d'arbitrages entre intérêts divergents ou de la pression de lobbies d'influence. Les normes ne sont plus incarnées dans la définition d'un *optimum social*, mais dans la recherche de *viabilité*. Elles permettent à chacun de savoir comment il devrait se comporter et comment les autres devraient se comporter. Elles sont produites et connues par toute la communauté. Les décisions qui en découlent relèvent d'une interaction sociale bien davantage que de la recherche d'une utilité individuelle maximale.

Aucune des neutralités présumées dans la démarche axiomatique ne peut, alors, être observée sans doute parce que des motivations sont manquantes (Akerlof, 2007), mais plus sûrement parce que ce dont il est question, c'est de la vie en société. La *rationalité substantielle* de l'action individuelle dirigée vers une *fin logique* cède devant une *rationalité procédurale* qui met en jeu les relations sociales.

La théorie devient un ensemble de concepts permettant d'élaborer un modèle « local » intuitivement fondé et d'appréhender une partie du monde réel au lieu de prétendre à une connaissance complète d'un monde improbable. Une théorie qui prétend ne fournir de solide explication que d'événements « locaux » peut entrer en conflit avec les faits établis. Elle doit, alors, être amendée. Les faits n'en sont pas pour autant confortés en tant que vérité, car ce que décrit une série temporelle, c'est une séquence d'observations d'un processus historique dont rien ne permet de dire qu'il se reproduira.

La critique adressée à des modèles « locaux » faisant usage d'algorithmes et procédant par simulations numériques est, précisément, un manque de généralité et de robustesse. C'est ignorer qu'aucun modèle dynamique ne constitue un outil fiable de prévision car « aucune formule mathématique ne peut transmuter un bâti hautement sensible aux imperfections de sa construction en un qui ne l'est pas » (Baumol, 1991,

p. 191). Alors à quoi les modèles dynamiques peuvent-ils bien servir, qu'ils aient une solution analytique ou qu'ils fassent appel aux simulations numériques ? La réponse est double. S'ils ne permettent pas de déclarer qu'une proposition est vraie, ils permettent de dire qu'elle n'est pas *nécessairement* vraie (*ibid.*, p. 192). S'ils ne peuvent pas donner de résultats pouvant prétendre à la généralité, ils peuvent éclairer sur ce qui aide les sentiers à être viables, en l'occurrence les facteurs d'inertie.

Bibliographie

Akerlof G. A., « The missing motivations in macroeconomics », *American Economic Review*, 2007, 97, n° 1, p. 5-36.

Amendola M., Bruno S., « The behaviour of the innovative firm. Relations to the environment », *Research Policy*, 1990, 19, n° 5, p. 419-433.

Amendola M., Gaffard J.-L., *The Innovative Choice : An Economic Analysis of the Dynamics of Technology*, Oxford, Blackwell, 1988.

Amendola M., Gaffard J.-L., *Out of Equilibrium*, Oxford, Clarendon Press, 1998.

Amendola M., Gaffard J.-L., *The Market Way to Riches : Behind the Myth*, Cheltenham, Edward Elgar, 2006.

Arrow K. J., « Toward a theory of price adjustment », *in* Abramovitz M. *et al.* (dir.), *The Allocation of Economic Resources*, Stanford University Press, 1959.

Arrow K. J., *The Limits of Organization*, New York, Norton & Cie, 1974.

Arrow K., Debreu G., « Existence of equilibrium for a competitive economy », *Econometrica*, 1954, 22, n° 3, p. 265-290.

Askenazy P., *Partager les richesses*, Paris, Odile Jacob, 2019.

Baumol W. J., « On formal dynamics : From Lundberg to chaos analysis », *in* Jonung (dir.), *The Stockholm School of Economics Revisited*, Cambridge, Cambridge University Press, 1991.

Carlin W., Soskice D., « German economic performance : Disentangling the role of supply-side reforms, macroeconomic policy and coordinated economy institutions », *Socio-Economic Review*, 2009, 7, p. 67-99.

Clower R., « The keynesian counterrevolution : A theoretical appraisal », *in* Hahn F. H., Brechling F. P. R. (dir.), *The Theory of Interest Rates*, Londres, Macmillan, 1965.

Debreu G., *Theory of Value*, New York, Wiley & Sons, 1959 ; traduction française de J.-M. Comar et J. Quintard, *Théorie de la valeur. Analyse axiomatique de l'équilibre économique*, Paris, Dunod 1965.

Dewey J., *Liberalism and Social Action*, 1935 ; traduction française de N. Ferron, *Après le libéralisme ? Ses impasses, son avenir*, Paris, Climats, 2014.

Dockès P., *La société n'est pas un pique-nique. Léon Walras et l'économie sociale*, Paris, Economica, 1996.

Dockès P., « Walras, Marx and the philosophy of history », *in* Baranzini R., Allisson F. (dir.), *Economics and Other Branches : In the Shade of the Oak Tree. Essays in Honour of Pascal Bridel*, Londres, Pickering & Chatto, 2014.

Dos Santos Ferreira R., « Équilibre marshallien et équilibre walrasien », *Recherches économiques de Louvain*, 1989, 55, n° 4, p. 399-424.

Durkheim E., *De la division du travail social*, Paris, Presses universitaires de France, 1893 ; 5e édition, 1998.

Eichengreen B., *Hall of Mirrors*, New York, Oxford University Press, 2015.

Friedman M., « The role of monetary policy », *American Economic Review*, 1968, 58, n° 1, p. 1-17.

Friedman M., « The social responsibility of business is to increase its profits », *New York Times Magazine*, 13 septembre 1970.

Frydman R., Goldberg M., *Beyond Mechanical Markets. Asset Price Swings, Risk, and the Role the State*, Princeton, Princeton University Press, 2011 ; traduction française de H. Clément et M. Pons, *Marchés : la fin des modèles standard*, Paris, Le Pommier, 2013.

Georgescu-Roegen N., « Structural inflation lock and balanced growth », *Économies et sociétés*, 1968, 4, n° 3, p. 557-605 ; réédité *in* Georgescu-Roegen N., *Energy and Economic Myths*, New York, Pergamon Press, 1976.

Georgescu-Roegen N., *The Entropy Law and the Economic Process*, Cambridge (Mass.), Harvard University Press, 1971.

Georgescu-Roegen N., « Dynamic models and economic growth », *in* Schwodiauer G. (éd.), *Equilibrium and Disequilibrium in Economic Theory*, Institute of Advanced Studies, Vienna, 1974 ; réédité *in* Georgescu-Roegen N., *Energy and Economic Myths*, New York, Pergamon Press. 1976.

Granovetter M., « Economic action and social structure : The problem of embeddedness », *American Journal of Sociology*, 1985, 91, n° 3, p. 481-510.

Hall P., Soskice D., « An introduction to varieties of capitalism », *in* Hall P. et Soskice D. (dir.), *Varieties of Capitalism : The Institutional Foundations of Comparative Advantage*, Oxford, Oxford University Press, 2001.

Hayek F. A., « Economics and Knowledge », *Economica*, 1937, 4, n° 13, p. 33-54.

Hayek F. A., *The Road of Serfdom*, Londres, Routledge, 1944 ; traduction française de G. Blumberg, *La Route de la servitude*, Paris, Presses universitaires de France, 2007.

Hayek, F. A., *Individualism and Economic Order*, Chicago, University of Chicago Press, 1948.

Heymann D., Leijonhufvud A., *High Inflation*, Oxford, Oxford University Press, 1995.

Hicks J. R., « World recovery after war : A theoretical analysis », *Economic Journal*, 1947, 57, p. 151-164 ; réédité *in* Hicks J. R., *Money, Interest and Wages. Collected Essays on Economic Theory*, Oxford, Blackwell, 1982, vol. II.

Hicks J. R., *Capital and Growth*, Oxford, Clarendon Press, 1965.

Hicks J. R., *Capital and Time*, Oxford, Clarendon Press, 1973 ; traduction française de M. Glais, *Le Temps et le Capital*, Paris, Economica, 1975.

Hicks J. R., *The Crisis in Keynesian Economics*, Oxford, Blackwell, 1974 ; traduction française de J. Le Cacheux, *La Crise de l'économie keynésienne*, Paris, Fayard, 1988.

Hicks J. R., *Causality in Economics*, Oxford, Clarendon Press, 1979.

Hicks J. R., *Methods in Dynamic Economics*, Oxford, Clarendon Press, 1985.

Hicks J. R., *A Market Theory of Money*, Oxford, Clarendon Press, 1989 ; traduction française de H.-P. Bernard, *Monnaie et marché*, Paris, Economica, 1989.

Howitt P., « The limits to stability of a full employment equilibrium », *Scandinavian Journal of Economics*, 1978, 80, n° 3, p. 265-282 ; réédité *in* Howitt P., *The Keynesian Recovery and Other Essays*, Hemel Hempstead, Philip Allan, 1990.

Howitt P., « Adjusting to technological change », *Canadian Journal of Economics*, 1994, 27, n° 4, p. 763-775.

Howitt P., « The microfoundations of the keynesian multiplier process », *Journal of Economic Interaction and Coordination*, 2006, 1, n° 1, p. 33-44.

Howitt P., « Macroeconomics with intelligent autonomous agents », *in* R. Farmer (dir.), *Macroeconomics in the Small and the Large : Essays in Honor of Axel Leijonhufvud*, Cheltenham, Edward Elgar, 2008.

Ingrao B., Israël G., *La mano invisibile*, Roma, Laterza, 1987 ; traduction anglaise de I. McGilvray, *The Invisible Hand*, Cambridge (Mass.), The MIT Press, 1990.

Kaldor N., « The irrelevance of equilibrium economics », *Economic Journal*, 1972, 82, p. 1237-1255.

Keynes J. M., *The Economic Consequences of the Peace*, New York, Harcourt, Brace, and Howe, 1919.

Keynes J. M., *A Tract on Monetary Reform*, Londres, Macmillan Press, 1923 ; réédité *in The Collected Writings*, Londres, Macmillan, 1971, vol. IV.

Keynes J. M., « The end of laisser-faire », 1926 ; réédité *in The Collected Writings : Essays in Persuasion*, Londres, Macmillan, 1972, vol. IX.

Keynes J. M., *A Treatise on Money*, Londres, Macmillan, 1931 ; réédité *in The Collected Writings*, Londres, Macmillan, 1971, vol. V, VI.

Keynes J. M., « National self-sufficiency », *The Yale Review*, 1933, 22, n° 4, p. 755-769.

Keynes J. M., *The General Theory of Employment, Interest, and Money*, Londres, Macmillan, 1936 ; réédité *in The Collected Writings*, Londres, Macmillan, 1973, vol. VII ; traduction française de J. de Largentay, *Théorie générale de l'emploi, de l'intérêt et de la monnaie*, Paris, Payot, 1942.

Keynes J. M., « Democracy and efficiency », *New Statesman and Nation*, 17, 28 janvier 1939.

Keynes J. M., *The General Theory and After : Part I. Preparation*, édité par E. Johnson et D. Moggridge, *Collected Writings*, Londres, Macmillan, 1973, vol XIII.

Knight F., *Risk, Uncertainty, and Profit*, Boston, Houghton Mifflin, 1921 ; réédité, Chicago, The University of Chicago Press, 1971.

Koo R. C., *The Holy Grail of Macroeconomics : Lessons from Japan's Great Recession*, New York, Wiley, 2009.

Krugman P. R., *The Return of Depression Economics*, New York, Norton & Cie, 1999 ; 2e édition 2009 ; traduction française de J. Cicchini, *Pourquoi les crises reviennent toujours*, Paris, Seuil, 2009.

Krugman P. R., *The Conscience of a Liberal*, New York, Norton & Cie, 2007 ; traduction française de P. Chemla, *L'Amérique que nous voulons*, Paris, Flammarion, 2008.

Krugman P. R., *End This Depression Now !*, New York, Norton & Cie, 2012 ; traduction française de A. Muchnik, *Sortez-nous de cette crise… maintenant !*, Paris, Flammarion, 2012.

Kydland F. E., Prescott E. C., « Time to build and aggregate fluctuations », *Econometrica*, 1982, 50, n° 6, p. 1345-1370.

Leijonhufvud A., *On Keynesian Economics and the Economics of Keynes*, Londres, Oxford University Press, 1968.

Leijonhufvud A., « Effective demand failures », *Swedish Journal of Economics*, 1973, 75, n° 1, p. 27-48.

Leijonhufvud A., « The Wicksell connection », *in* Leijonhufvud A. (dir.), *Information and Coordination*, Oxford, Oxford University Press, 1981.

Leijonhufvud A., « Towards a not-too rational macroeconomics », *Southern Economic Journal*, 1993, 60, n° 1, p. 1-13.

Leijonhufvud A., *Macroeconomic Instability and Co-ordination*, Cheltenham, E. Elgar, 2000.

Leijonhufvud A., « Out of the corridor : Keynes and the crisis », *Cambridge Journal of Economics*, 2009, 33, n° 4, p. 741-757.

Lippmann W., *The Good Society*, Boston, Little, Brown and Companies, 1937 ; traduction française, *La Cité libre*, Paris, Les Belles Lettres, 2011.

Lucas R. E., « Expectations and the neutrality of money », *Journal of Economic Theory*, 1972, 4, n° 2, p. 103-124.

Lucas R. E., « Macroeconomic priorities », *The American Economic Review*, 2003, 93, n° 1, p. 1-14.

Malthus T. R., *Principles of Political Economy*, 1820 ; 2ᵉ édition 1836 ; réédition, Cambridge, Cambridge University Press, 1989.

March J., « The business firm as a political coalition », *The Journal of Politics*, 1962, 24, n° 4, p. 662-678.

Marshall A., *Principles of Economics*, Londres, Macmillan, 1890, 8ᵉ édition, 1920.

Mayer C., *Firm Commitment*, Oxford, Oxford University Press, 2013.

Metcalfe J. S., *Evolutionary Economics and Creative Destruction*, Londres, Routledge, 1998.

Phelps E., *Mass Flourishing* Princeton, Princeton University Press, 2013 ; traduction française de P Hersant, *La Prospérité de masse*, Paris, Odile Jacob, 2017.

Polanyi K., *The Great Transformation*, New York, Farrar and Rinehart, 1944 ; traduction française de C. Malamoud et M. Angeno, *La Grande Transformation*, Paris, Gallimard, 1983.

Rajan R., *Fault Lines : How Hidden Fractures Still Threaten the World Economy*, Princeton, Princeton University Press, 2010 ; traduction française de M. Ordinaire, *Crise : au-delà des marchés financiers*, Paris, Le Pommier, 2013.

Rawls J., *A Theory of Justice*, Cambridge (Mass.), The Belknap Press of Harvard University Press, 1971 ; traduction française de C. Audard, *Théorie de la justice*, Paris, Seuil, 1997.

Rawls J., *Political Liberalism*, New York, Columbia University Press, 1993 ; traduction française de C. Audard, *Libéralisme politique*, Paris, Seuil, 1996.

Ricardo D., *Principles of Political Economy and Taxation*, 1821 ; réédité *in* Sraffa P. (dir.), *The Works and Correspondence of David Ricardo*, Cambridge, Cambridge University Press, 1970.

Richardson G. B., *Information and Investment. A Study in the Working of the Competitive Economy*, Oxford, Clarendon Press, 1960 ; réédition 1990.

Rodrik D., *The Globalization Paradox*, New York, Norton & Cie, 2011.

Rovelli C., *L'ordine del tempo*, Milan, Éditions Adelphi, 2017 ; traduction française de S. Lern, *L'Ordre du temps*, Paris, Flammarion, 2018.

Schumpeter J. A., *Theory of Economic Development*, Cambridge (Mass.), Harvard University Press, 1934 ; traduction française de J.-J. Anstett, *Théorie du développement économique*, Paris, Dalloz, 1935.

Schumpeter J. A., *Capitalism, Socialism, and Democracy*, New York, Harper & Row, 1941 ; traduction française de G. Fain, *Capitalisme, socialisme et démocratie*, Paris, Payot, 1979.

Serres M., *Le Passage du Nord-Ouest*, Paris, Les Éditions de Minuit, 1980.

Shonfield A., *Modern Capitalism : The Changing Balance of Public and Private Power*, Oxford, Oxford University Press, 1965 ; traduction française de B. Cazes et G. Gefen, *Le Capitalisme aujourd'hui, l'État et l'entreprise*, Paris, Gallimard, 1969.

Skidelsky R., *Keynes : The Return of the Master*, New York, Public Affairs, 2009.

Smith A., *An Inquiry in the Nature and Causes of the Wealth of Nations*, 1776 ; réédition éditée par Campbell R. H., Skinner A. S., Oxford, Clarendon Press, 1976.

Stiegler B., *Il faut s'adapter. Sur un nouvel impératif politique*, Paris, Gallimard, « Nrf Essais », 2019.

Supiot A., *L'Esprit de Philadelphie. La justice sociale face au marché total*, Paris, Seuil, 2010.

Tobin J., « Inflation and unemployment », *American Economic Review*, 1972, 62, n° 1-2, p. 1-18.

Tobin J., « Price flexibility and output stability : An old keynesian view », *Journal of Economic Perspectives*, 1993, 7, n° 1, p. 45-65.

Tobin J., « The natural rate as a new classical macroeconomics », *in* Cross R. (dir.), *The Natural Rate of Unemployment*, Cambridge, Cambridge University Press, 1995.

Turner A., *Between Debt and the Devil : Money, Credit, and Fixing Global Finance*, Princeton, Princeton University Press, 2015 ; traduction française de L. Bury, *Reprendre le contrôle de la dette*, Paris, Éditions de l'Atelier, 2017.

Walras L., *Éléments d'économie politique pure ou Théorie de la richesse sociale*, 1874 ; réédition, éditée par Dockès P. *et al.*, Paris, Economica, 1988.

Walras L., *Études d'économie politique et appliquée : théorie de la production de la richesse sociale*, 1898 ; réédition, éditée par Dockès P. *et al.*, Paris, Economica, 1995.

Woodford M., *Interest and Prices, Foundations of a Theory of Monetary Policy*, Princeton, Princeton University Press, 2003.

Table

DEUXIÈME PARTIE

Instabilité et résilience d'une économie dans le temps

TROISIÈME PARTIE

La politique économique à l'épreuve du temps

DES MÊMES AUTEURS

Amendola M., *La vita economica del capitale*, Milan, Franco Angeli Editore, 1972.

Amendola M., *Macchine, produttività, progresso tecnico*, Milan, Isedi, 1976.

Amendola M., Gaffard J.-L., *The Innovative Choice : An Economic Analysis of the Dynamics of Technology*, Oxford, Blackwell, 1988.

Amendola M., Gaffard J.-L. *La Dynamique économique de l'innovation*, Paris, Economica, 1988.

Amendola M., Gaffard J.-L., *Out of Equilibrium*, Oxford, Clarendon Press, 1998.

Amendola M., Gaffard J.-L., *The Market Way to Riches : Behind the Myth*, Cheltenham, Edward Elgar, 2006.

Amendola M., Gaffard J.-L., *Capitalisme et cohésion sociale*, Paris, Economica, 2012.

Amendola M., Gaffard J.-L., *Le Désordre et la raison. Une économie politique de la mondialisation*, Londres, ISTE, 2018.

Amendola M., Gaffard J.-L., *Disorder and Public Concern about Globalization*, Londres, ISTE and Wiley, 2019.

Clam J., Gaffard J.-L., *Norme, fait, fluctuation*, Genève, Droz, 2001.

Gaffard J.-L., *Économie industrielle et de l'innovation*, Paris, Dalloz, 1990.

Gaffard J.-L., *La Croissance économique*, Paris, Armand Colin, 2011.

Gaffard J.-L., *Macroéconomie : faits, théories et politiques*, Paris, Ellipses, 2016.

Saraceno F., *L'Économie à l'épreuve des faits*, Paris, RB Éditions, 2017.

Saraceno F., *La scienza inutile*, Milan, LUISS University Press, 2018.

Cet ouvrage a été composé
en Electra et en Whitney
par Nord Compo
à Villeneuve-d'Ascq (Nord).

N° d'édition : 7381-5104-X – N° d'impression : 032065692
Dépôt légal : mars 2020

Imprimé en France par Présence Graphique - Monts (37)

Inscrivez-vous à notre newsletter !

Vous serez ainsi régulièrement informé(e)
de nos nouvelles parutions et de nos actualités :

https://www.odilejacob.fr/newsletter